转化率——网络广告方法、流程和案例

宋安／编著

厦门大学出版社
XIAMEN UNIVERSITY PRESS
国家一级出版社
全国百佳图书出版单位

序

南怀瑾在《易经杂说》中说，用《易经》的观点看宇宙万事万物——人生也好，情绪也好，思想也好……都有它的原则和道理。以我们现代的观念而言，“理”是属于哲学的，宇宙间万事万物既有它的理，也必有它的“象”。反过来说，宇宙间的任何一个现象，也一定有它的理，每个现象又一定有它的“数”。譬如录音带，是录音用的，它能录音，其中有很多理，录音带的样子、大小，它还会放出声音，就是它的象。这卷录音带，若干分钟可以录完，有若干长，若干宽，这就是它的数。万事万物都有它的理、它的象和它的数。

随着互联网的快速发展，各种新兴的媒介形态不断出现。网络广告主最关心的是如何选择合适的媒介渠道，与目标消费者沟通；如何进行合理的广告传播沟通管理，运用合理的策略方法(理)，选择合适的流程(象)和评估指标仪表盘(数)，从而达成传播效果和投产比 ROI 的最大化。

《转化率——网络广告方法、流程和案例》是本实用性很强的工具书，它从日常实际工作中企业广告主和广告代理公司遇到的问题入手，系统整理了网络广告管理的内在逻辑方法和核心指标——转化率，归纳网络广告的常见需求和解决方案，通过生动的广告案例分析，为从业者提供可以实际借鉴的菜单化解决方案。

本书试图最大限度地降低广告公司、网站和广告主之间的沟通成本，帮助三方找到实际问题的解决方案和具体的参考案例。日常的网络广告项目中，50%的时间和精力都花在广告主和广告代理在项目策划、流程执行的反复沟通中，本书将帮助降低沟通成本，提高网络广告的作业效率，保证网络广告活动的传播效果。

此外，本书的另一大亮点在于，结合 web2.0 的最新发展趋势，介绍了微博和SNS等社会化分享网站在企业和品牌社群营销中的应用，帮助从业者系统了解web2.0时代品牌整合营销的方法和具体手段。最后，本书还提供了从业者常用的和网络广告相关的工具：企业广告主项目需求表、代理公司提案方式表、项目时间进度管理表、网络广告效果分析和评估表、网络广告常用术语、网络口碑监测表等。

该书图文并茂，问题、解决方案以及案例分类清晰，阅读轻松方便，是从业者很好的案头参考工具书。作者从厦门大学广告专业研究生毕业后，在世界500强公司中国平安从事网络广告多年，作为艾瑞网营销专家，积累了丰富的网络广告从业经验，他的书能切合实际工作，有助于从业者快速了解企业广告主的广告营销需求，系统了解网络广告的操作手法和经典案例，快速上手进入网络广告领域。可以说，对于广告网络从业者或者对网络广告有兴趣者而言，这是本难得的实用参考书。

2011年5月

杨伟庆

从理论到实战

2008年底，笔者出版第一本专著《网络广告媒体策略与效果评估》，首次提出“人人都能参与”的新媒体时代广告特征，读者反响踊跃，在当当网“网络广告”类书籍销售榜上连续多月排名位居第一。

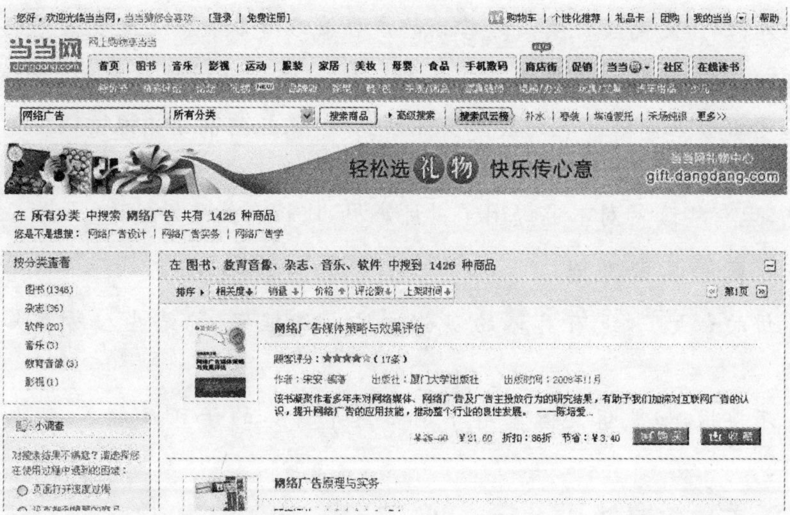

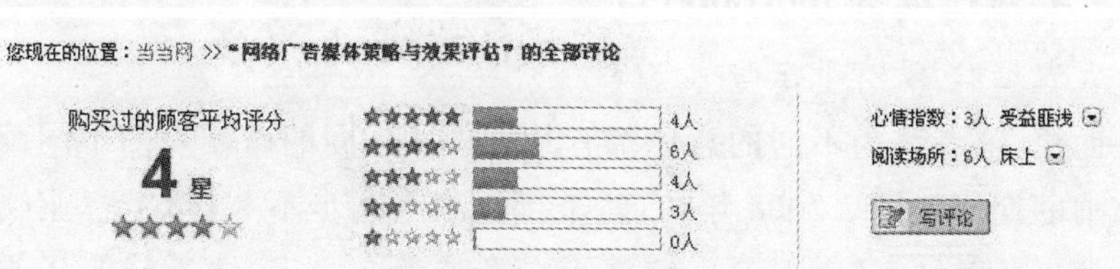

web2.0时代，网友的评价具有重要的意义。尤其是当当网上真正购买书籍的读者的反馈，意见比较真实，具有代表性。

- **广州读者"买书不买楼"**

平时工作中，自己也逐渐积累许多手段和经验，但是没有时间总结，只是自己在用的时候才自然地蹦出来。这本书也对各类的营销策略和效果做了分析，对于网络营销，有一定的指导意义，特别是新手上路的同志们，可以借鉴一些书中的研究成果，对自己将要做的营销计划做一个前期的判断，这样更能体现出精准、实用的思想吧。

- **西安读者 xiaogou258**

这本书从一定高度，说明了中国网络营销与国外网络营销成长的欠缺之处；以一定高度说明网络营销的广告策略所带动企业发展的方向与目标；我个人参与网络营销工作两年左右，这本书带给我很多知识亮点，虽然从事网络营销工作只有两年左右时间，但是完全可以领悟到网络营销的后现代发展，将来的媒体占有率，推荐给各位瞅瞅！

当然，也有些读者对本书提出了批评意见，比较有代表性的有：

- **南昌读者施剑**

讲的太大了，没有具体的实施方案或是框架，都是些人所共知的东西。

不实用，如果想大概了解下网络这个媒体的话可以看下，不具备操作。

- **石家庄读者 tianyang111**

太理论啦，没有干东西

平心而论，笔者认为不同的意见都有其道理。不同的态度表明不同读者对该书的期待不同。2008 年初，整个行业刚刚起步不久，整个行业缺乏系统的经验总结，市面上的书籍多出自高校学者之手，缺乏行业从业经验，笔者应出版社之邀撰写该书的时候，确实是侧重于帮助刚刚进入该行业不久的新手系统梳理网络广告的框架，帮助大家了解常用的网站和分析工具，属于普及型读物。后来，笔者更新了该书中的一些数据和案例，出了第二版。虽然两年来，出现了微博等新兴网络应用，但回头看，在这两年里，互联网媒体和广告的基本格局没有太大变化。因此，该书对于试图了解互联网媒体和广告的新手而言，依然具有参考价值。

当然，对于渴望深入了解网络广告策划逻辑和执行流程的读者而言，该书在实战性方面略显不足。因此，响应批评意见的读者的需求，笔者撰写了本书，结合企业广告主的常见需求，将网络广告的内在策划逻辑、操作流程和关键技巧，需要把握的关键问题，各种报告工具和流程，以及微博和SNS等web2.0的媒介应用方法，写在新书中。对于有实战需求的读者而言，相信本书将有很好的参考价值。

希望两本姊妹书籍，能够满足不同阶段的读者的需求。当然，如果你想更完整地了解互联网广告的理论和操作，建议两本书都购买。如果只想了解一个方面，则单独买亦可。笔者曾经认真思考过是否通过百度文档等平台免费发布本书稿，但后来发现，出版社的编辑认真审稿，能够保障书籍的质量和可读行；此外，出版社的发行渠道，也能够保证本书的从内容生产到接触读者的“转化率”。当然，仅就收入而言，百度文档还未能提供有效的广告收入分成计划或其他的收费模式，显然出版社在收益“转化率”方面也是有优势的。“转化率”是本书强调的内在逻辑，自然也成为笔者考虑的首选。

本书的写作过程中，得到好耶网络传媒华南区前总经理田彦奎和博图网络营销顾问机构的大力支持，为本书的重要章节提供宝贵的素材和经验支持，使得本书更加饱满和具有实战参考性。在此一并感谢！

最后，感谢您对本书的关注，期待与您的深度交流！

- 我的QQ:67678157　MSN:songan2000_2000@hotmail.com。
- 我的微博:http://t.sina.com/songan。
- 电子邮箱:songan001@gmail.com。
- 艾瑞网专栏:http://column.iresearch.cn/u/zhuzhuanan2006/。

ADVERTISING

目 录

第 1 章

网络广告管理的逻辑

从事网络广告行业多年，历经项目的成功与失败，深切感受到“转化率”在指导网络广告项目策划和创意中的重要性。真正把握“转化率”的内涵，在具体项目策划和执行流程中落实，才能将项目的执行风险降到最低，保证网络广告项目质量的稳定。刚进入网络广告领域的从业者，掌握以“转化率”为基础的作业方法，尤为重要。

什么是转化率

狭义的转化率指访问某一网站的访客中，转化者占全部的比例。这里说的“转化”，根据特定营销目标而定，可以指从访问到参与活动的行为，也可以指从访问到注册的行为（网站根据获得的客户联系方式等资料，开展后续的深度营销挖掘），还可以指从访问到购买的行为，等等。我们用下图来描述。

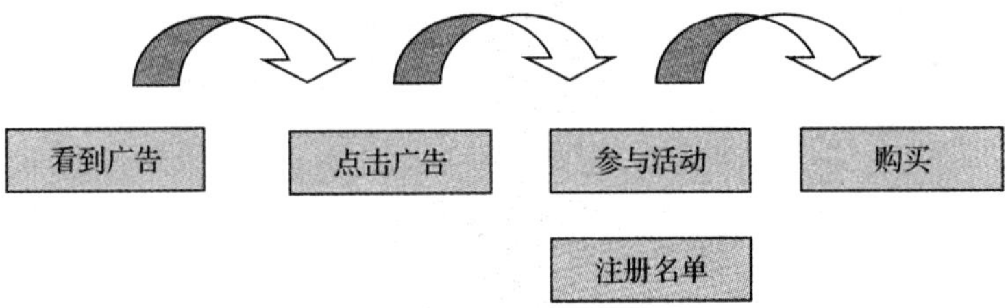

图 1-1　网络广告的基本转化流程

我们把用户从看到广告到点击广告（访问网站）的比率叫做点击率。当然，用户也可能误点击广告，但这时候用户会很快关闭网站，就不能算是一个真正的点击。通常广告效果监测中会将网页未完全展开就被关闭或访问不足一定时间的点击行为视为误点击或者恶意点击行为，将其从正常的点击数量中排除掉。

我们也可以换个更直观的角度来看待转化率，如图 1-2：

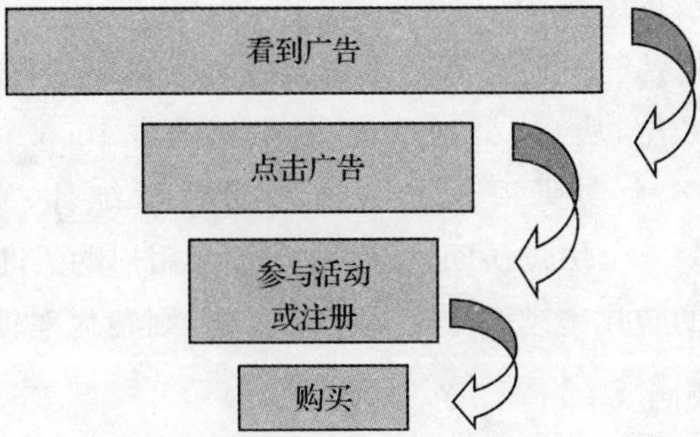

图 1-2　网络广告的基本转化流程

上图可以比较直观地观察“转化”的过程，这个过程看上去像一个漏斗。当然，每个转换环节都可能流失部分用户。研究影响网络广告活动转化率的因素有哪些，找出导致用户流失的原因，这是网络广告管理的重要工作。

假设 20 万人看到广告，2000 人点击，则该广告的点击率为 1%；这 2000 人访问网站后，其中有 200 人参与活动。如果该网络广告的流程到此即止，则转化率为 10%（200/2000＝10%）。如果流程还未结束，例如该网站是购物网站，我们可能希望用户留下联系方式或达成购买，那么转化率则相应的要用达到最终目标点的用户数量除以访问网站的用户的数量，得到整个网站的转化率值。

ADVERTISING 网络广告的平均点击率和转化率

网络广告的点击率和转化率通常是多少，是否有标杆性的指标，相信这是每个从业人员都关心的话题。是否有行业性的数据，能够帮助我们评估广告投放的效果呢？

图 1-3 是业界资深人士龚文祥在微博上透露的中国各大 B2C 电商的广告转化率数据，从 0.1%到 1.86%不等，通常 1000 个访问网站的用户中，有 1～18 个购买商品。以该图的数据统计，平均转化率为 0.54%，平均 1000 个用户访问网站，有 5.4 个用户购买商品。如果您的电子商务网站的转化率越高于上述平均指标，则转化率较高。

品牌男装折扣	0.25%
奥讯商城	0.94%
欧莱诺	0.37%
卡当网	0.85%
礼意久久	0.46%
玛萨玛索	0.21%
芬理希梦	0.12%
罗莱家纺	0.46%
互动出版网	1.86%
第五街减肥	0.43%
D1便利	0.65%
likeface	0.31%
桔色	0.18%
麦包包	0.44%

图 1-3　各电商的广告转化率

@mrbrand 龚文祥：目前 B2C 行业的几个平均数据（平均数据!）：1. 网站转化率：千分之三。2. 推广 ROI 平均是 1∶0.3。3. 平均获得一个实际购买用户的成本 80 元一个。4. 获得一个真实有效点击成本 0.8 元一个。5. 平均获得一个购物注册用户成本 20 元一个。6. 获得竞争对手全部资料库成本黑市价两毛钱一个。

@mrbrand 龚文祥：中午又下班了来一个更猛的，中国各大 B2C 的广告转化率数据。是一个网媒替这 30 家 B2C 做 ROI 及 CPS 分成获得的真实数据（2009 年）分享给我，可了解中国 B2C 的广告转化率现状。先发 10 几个（还有凡客及红孩子、携程、好乐买等网站真实转化率）。规则如前，转发后发邮件 brand@30dao50.com，我来回复全部数据给你。

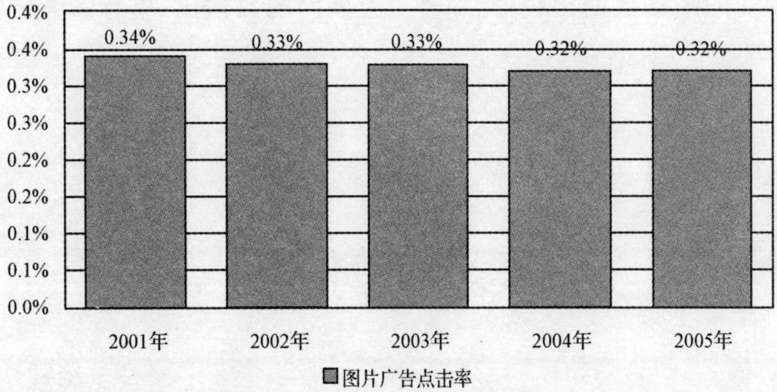

Source:《2005 年好耶网络广告服务报告》,该数据来自于 Adforward 系统。

@2006. 7iResearch lnc.　　www. iresearch. com. cn

图 1-4　2001—2005 年图片广告平均点击率变化示意

现在整个行业的购买转化率如下,主流 B2C 大约是 1%左右,一般 B2C 为 0.1%,平均为 0.5%(即 1000 人访问网站,5 人购买)。美国等的市场比较成熟,转化率至少是 10%,相差 20 倍。

那么,网络广告的平均点击率(用户从看到广告到点击广告的比率)又是多少呢?根据《2005 年好耶网络广告服务报告》的统计数据,2001—2005 年中国图片类广告平均点击率分别是 0.34%、0.33%、0.33%、0.32%和 0.32%。从该图反映的趋势看,随着互联网用户不断成熟,广告点击率呈现微弱下降趋势,目前网络广告的平均点击率在 0.1%到 0.2%之间。

用户不再像互联网发展初期那样盲目点击广告,相反,用户抗广告干扰能力提高,用户自主选择点击对自己有用的广告,这反过来要求广告主的媒介选择和广告创意表现要更加精准,这样才能打动目标用户。

这里有必要提醒各位读者朋友,以上数据仅供参考,并非放之四海而皆准。在实际工作中,需要根据不同行业的用户活跃度特点,投放的媒体网站的用户活跃度特点,灵活分析和考虑平均的点击率和转化率。例如,有些行业和品类的商品,有些媒体网站的用户活跃度相对较高,有些低些，和同业的平均数据比较，比和整个互联网的数据比，更有参考价值。

广义的转化率

大家也许已经感觉到，广告点击率这个指标其实也具有转化率的内涵，我们可以用“转化率”这个指标来评估广告从吸引用户注意到用户最终完成我们期待的行为的整个过程的用户转化。通过控制营销过程中各环节的用户转化率预期，不断优化转化率，以最大化达成营销目标，同时获得好的投产效果 ROI。

转化率的指标设定，离不开对关键环节点的设置，应结合考虑广告主的期待和用户的需要。广告主应明确自身期望达成的目标，设定清晰的营销活动目标，将其作为设置营销环节的方向依据。通常，广告主的营销目标可以分为品牌宣传和产品促销两大类。简单说，前者以形象宣传和激发用户关注为目的，后者则试图直接激发用户的注册（留下个人信息和联系方式）或购买的行为。

当然，二者并不绝对分隔，经常相辅相成，例如产品促销前进行品牌形象宣传，以提高产品的知名度和信任度，提高促销环节的转化率；同时，产品促销兼顾品牌形象，也能提高品牌的整体形象，获得 1+1>2 的效果。在实际工作中，许多企业的市场部（或品牌部）和产品部门（销售部）是相互配合进行推广的。

广告主设定不同的营销目标，这会直接影响营销策略和关键环节的设置。以品牌宣传为目标的营销活动，应设定特定主题和奖品激励，吸引用户关注广告信息，访问专题或活动页面，参与活动，过程相对简单。以产品促销为目标的营销活动，还需增设用户注册和购买等环节，步骤相对复杂。

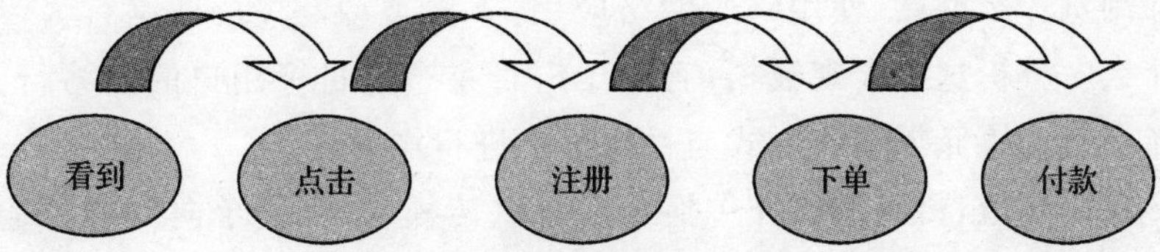

图 1-5　电子商务的关键环节点的设置

另外，广告主还需要考虑普通用户的需求，考虑用户的利益点和期待，使用用户接受的活动环节和流程引导方式，不能闭门造车，设置过于复杂的专题或活动流程，否则，用户可能因为干扰过多、流程不顺畅、学习成本太高而放弃行动，导致用户无谓流失。

实际的工作中，最经常遇到的问题就是广告执行团队只顾广告主的主观意志和喜好，盲目设置广告活动环节，广告创意和页面表面丰富热闹，实则忽视用户体验，主题不清晰、利益点不鲜明、流程不通畅、设计干扰用户等，导致活动华而不实，用户参与度低，转化率差。

流量和网站分布

和转化率相关的重要概念是流量。将互联网比作虚拟社区，虚拟社区上有许多商店（网站），用户就在商店（网站）里浏览，获取他们想要的内容和应用。用户的数量，好似人流量，用以观察用户的流动情况，分析用户对各个网站的喜好，这样就可以根据目标消费者的喜好，选择合适的网站投放广告，提高网络广告的精准性和用户的行为转化率。

宏观上的互联网用户的流量分析，可用于监测和分析互联网上用户不同网站的访问量分布及用户的访问行为习惯。中国的网民已经达到

3.6 亿，未来两三年中国的网民预计将超过 5 亿。如此庞大流量的人天天都浏览什么网站，使用哪些网络应用，不同类型网民的网络行为习惯是什么？分析这些宏观数据，有助于广告主了解目标用户的网络行为，选择合适的媒介渠道和方式与目标用户进行沟通。

我们知道，传统的媒介传播和广告宣传模式，都是单向度的灌输式的，用户被动接受企业的信息。随着搜索引擎和社区网站的崛起，尤其是 Facebook 和 Twitter（国内的诸如人人网、开心网和新浪微博）等 SNS 分享类社区网站的出现，标志以用户为中心的 web2.0 互联网时代到来。用户可以根据需求和喜好自由发布和分享内容，搜索自己感兴趣的信息，结识朋友。

图 1-6 是目前国内主要的社会化分享网站的结构类型示意图。所谓社会化分享网站，可以简单理解为用户可以自由参与并分享内容的网

图 1-6　国内主要的社会化分享网站的结构类型示意图

站，如即时通讯、博客、论坛、网络游戏、购物网站。在这些网站里，用户可以自由注册账户，发布信息，或者与他人交流分享。而在新闻类网站等传统的网站上，用户无法自由发布和分享内容。

2009年圣诞节期间，全球最大的社交网站Facebook的流量超过Google，预计未来两年来的圣诞节里，该网站的日均流量还会超过Google。2010年3月5日，腾讯QQ同时在线人数超过一亿。DCCI中国互联网信息中心的数据显示，2010年上半年，中国互联网完成历史性改变，用户产生的内容的流量超过网站专业制作内容流量，前者页面浏览量占互联网总流量的比例达到50.7%，后者为47.32%。博客、论坛、SNS、问答等应用的流量份额超过新闻、搜索、电子商务等关键领域的总和。用户创造网络，2.0正式超越1.0。

用户产生流量的变化，标志着微众时代到来。社区、新闻资讯、电子商务、搜索等主要应用的流量结构变化分析显示，尽管主要应用的流量的绝对值都在增长，但是社区流量的份额占比急速跃升，纯新闻资讯流量份额占比下降明显，流量转移背后是信息渠道、传播载体、话语秩序的转移，用户之间的渠道成为主渠道。互联网用户及消费者已处在觉醒的、连接的、实时的、自组织的网络之中；推广、宣传、促销、广告的效果越来越弱，口碑、沟通、对话、分享、交流的效果越来越强，这些特性将互联网web2.0的特性发挥到极致，用户充分体验了即时沟通、实时共享的传播乐趣，并乐在其中。

图1-7可见日本电通广告公司描绘的web2.0时代用户的消费决策模型。该模型突出搜索引擎和社区类网站对消费者决策的重要影响。传统的AIDMA营销法则（Attention注意，Interest兴趣，Desire欲望，Memory记忆，Action行动）必须逐渐向含有网络特质的AISAS（Attention注意，Interest兴趣，Search搜索，Action行动，Share分享）模式转变。在这一全新的营销法则中，两个具备网络特质的“s”——search（搜索）、share（分享）出现，这强调了互联网背景下搜索（Search）和分享（Share）的重要性，互联网已经影响和改变了人们的生活方式和消费行为，我们不应一味地向用户进行单向的理念灌输。

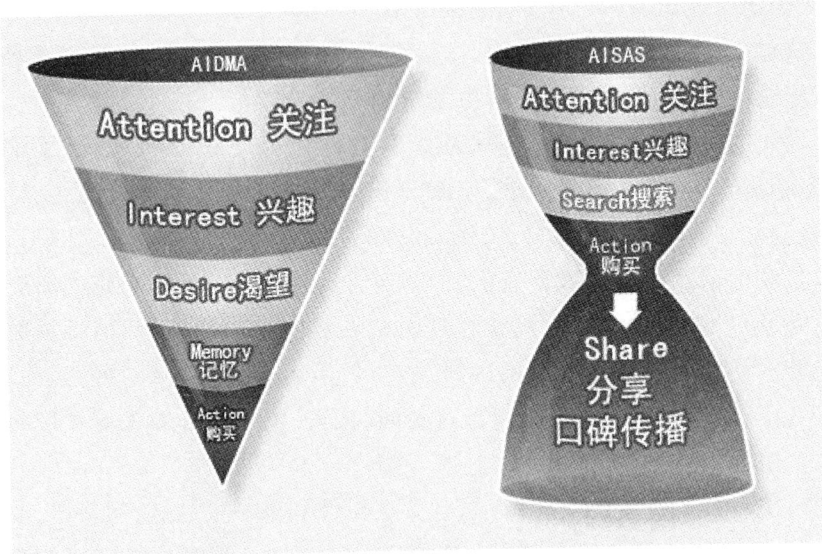

图 1-7 AISAS 互联网用户的消费决策过程

中国互联网用户的行为研究

2010 年,艾瑞咨询推出《2009—2010 年中国网络经济行业发展报告》,分析中国互联网用户属性和网络服务使用率的长期趋势,这有助于从业者站在更宏观的角度理解中国网民和中国互联网的变迁。

- **网民年龄结构趋于均衡,中高年龄层用户增长迅速**

艾瑞咨询在整理 CNNIC2000—2010 年的网民年龄数据时发现,网民年龄结构由 2000 年的金字塔形不断趋于均衡。截至 2010 年 6 月,20～30岁的网民由 2000 年的 61.0%逐渐缩减为 28.1%,占比最小的 31～40岁及 40 岁以上的用户已分别增至 22.8%、18.2%,网民年龄结构不断成熟。

艾瑞咨询分析认为，网民年龄结构趋衡的原因首先在于，随着社会经济的发展，互联网已由早期的新鲜事物普及成为人们日常生活中经常接触的应用，其嵌入人们生活的程度不断加深。此外，10 年的时间跨度使得网民发生代际更替，原本低龄的用户已成长为中高龄网民。

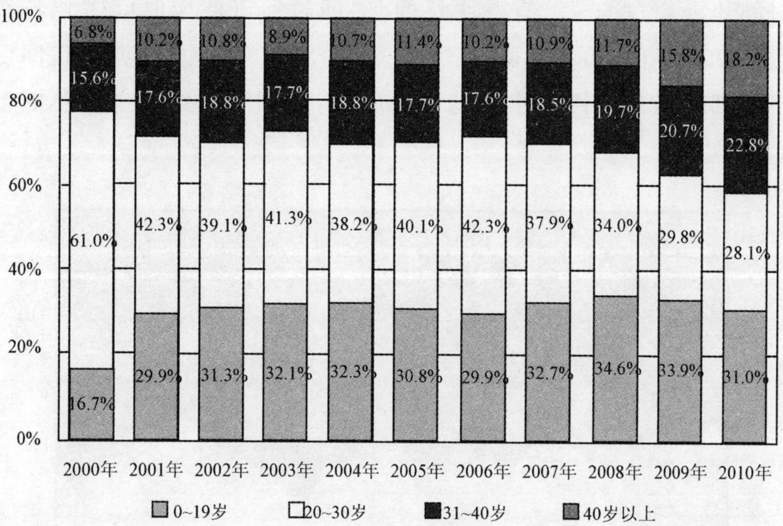

注：以上均为年中数据。

Source：CINNIC. 2000－2010

@2010. 8iResearch Inc.　www. iresearch. com. cn

图 1-8　2000—2010 年中国总体网民年龄结构变化图

• 娱乐、信息交流类服务占比最高，互联网娱乐化倾向明显

艾瑞咨询推出的网民连续用户行为研究系统 iUserTracker 数据显示，中国互联网娱乐化倾向较明显。这体现为：一方面，从历史数据来看，网络娱乐类服务使用时间占比持续超高。2010 年，网络视频、社区交友和网络游戏占总体浏览时间超过 40%，获取媒体内容和休闲娱乐成为中国网民使用互联网的重要目的；另一方面，在信息交流服务中，即时通讯使用时间占比高于电子邮件，2010 年 7 月为 29.4%。这反映了中国互联网商务化程度仍较低，拥有较大发展潜力。

从2000年到2010年，中国互联网经历了网络经济泡沫和web2.0的发展，新老服务不断交替变动。网络音乐（在线、下载等）、视频、社交网站等在2005年后持续增长，已成为目前占用中国网民使用时间最多的服务之一。

此外，商务类应用占比逐渐增加，网民浏览电子商务、金融类服务的时间比已超过6%。值得注意的是，即时通讯使用时间占比持续下降，从2006年的50.9%降至2010年的29.4%。这表明互联网服务的不断创新强化了网民上网的自由度，传统网络服务的空间不断受到挤压。

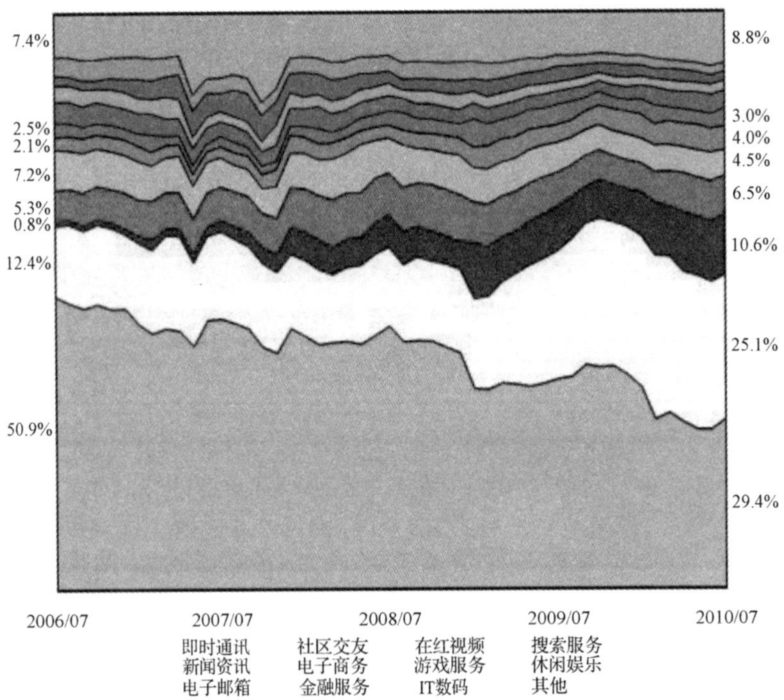

Source：iUserTracker：家庭办公版2010.8，基于对20万名家庭及办公（不含公共网地点）样本网络行为的长期监测数据获得。

@2010.8 iResearch Inc.　www.iresearch.com.cn

图1-9　2006—2010年中国网民网络服务月度有效浏览时间比例

ADVERTISING 微观的网站流量分析

上述分析针对中国网民的流量在不同类型网站和应用之间的分布，比较宏观，有助于我们把握网民的喜好，可借以选择与目标消费者沟通的网站类型。但是，具体的网络广告投放还需了解具体网站的流量情况，才能有的放矢。

通常说的网站流量指网站的访问量，用来描述访问网站的用户数量以及用户浏览的网页数量等指标，常用的统计指标包括网站的独立用户数量、总用户数量（含重复访问者）、网页浏览数量、每个用户的页面浏览数量、用户在网站的平均停留时间。

以下，是评估网站流量情况的常用指标，从广度上看，网站综合流量、独立访问量 UV、页面浏览数 PV 等指标反映了网站的用户流量的广度；从深度上看，用户平均浏览数、平均访问时间、忠实访问率等指标反映了网站的用户流量的黏性，是评估用户网站喜好度的重要参考依据。此外，同类网站访问率等指标则反映该网站在同类网站中的竞争力和影响力。

就网络广告而言，流量大说明广告投放力度大，或者网友被广告所吸引访问网站，用户平均浏览数、平均访问时间等指标则反映网友对网站内容的兴趣程度，或者网站活动策划、用户体验设计、易用性等质量高低，这些指标直接影响用户的转化率的高低。通常而言，网站的平均浏览数越高，平均访问时间越长，则用户的转化率越高。其基本的道理是，如果用户对网站很有兴趣，则到处看看的可能性也比较高，参与活动或产生购买的可能性越大。

• **网站综合流量**

以中国网站排名网覆盖的网民为基础，计算每百万网民中访问该网站的人群浏览页面的总量，将之定义为该网站的综合流量。

• **网站独立访问量 UV(unique visitors)**

每台上网电脑(不含手机等非 PC 终端)访问某网站的独立访问记录，定义为该网站的独立访问量(以下简称为网站访问量)。与网站独立访问量相对的是重复访问者数量(repeat visitors)。

• **页面浏览数 PV(page views)**

访问用户总的浏览的页面的数量。相对应的是平均每个访问者的页面浏览数(Page Views per user)。

• **用户平均访问时间**

某网站所有被访问的网页平均打开时间，定义为平均显示时间。

• **同类网站访问率**

同类网站访问率＝同类网站访问量÷网站总访问量×100%

在一段时间内(以 30 天为单位)，某网站的总访问量中，同时也访问过与其提供相同或类似服务网站的访问量。此即同类网站访问量。

A 与 B、C、D 为提供同类服务的网站，在 30 天内，A 网站每 1000 个独立访问量中有 100 个访问过 B、50 个访问过 C 网站、50 个访问过 D 网站，即 A 网站的同类网站访问率为(100＋50＋50)÷1000×100%＝20%

从一般意义上理解，同类网站访问率越低，该网站在所属行业中的流量独占优势越明显。

• **网站忠实访问率**

忠实访问率＝忠实访问量÷网站总访问量×100%

在一段时间(30 天)内，访问某网站达 3 日或 3 日以上的独立访问量(一日内多次访问只计算为一次忠实访问，该指标以日为单位)。此即网站忠实访问率。

A 网站在 30 天内共有 1000 个独立访问记录，其中 500 个访问记录达 3 天或 3 天以上，该网站的忠实访问率为 500÷1000×100%＝

50%。

网站忠实访问率的高低，可间接体现该网站忠实用户的比例以及服务内容对网民的吸引力。

- **网站忠实访问率走势变化**

分析网站在一个连续的时间段（以 30 天为一个时间段）内，网站忠实访问率的变化趋势

- **网站边缘访问率**

边缘访问率＝边缘访问量÷网站总访问量×100%

以日为单位，在一段时间（以 30 天为单位）内，只在一日内访问过某网站的独立访问量，定义为该网站的边缘访问量。边缘访问率越低，说明该网站在一段时间内流量增长效果越明显。此即边缘访问量。

用户旅程和转化率

上文分析不同网站类型和具体网站流量分析的方法，对网络广告从业者而言，目标用户越集中，网站黏性越大，投放广告的精准度越高，广告的转化率也越高。选择好要投放的目标网站，就要进入具体的广告创意设计和广告网站的设计环节。在这两个环节中，用户体验设计是影响用户转化率的关键因素。

用户体验（User Experience，简称 UE）是用户使用产品（服务）过程中的心理感受，如果产品设计能够吻合用户的心理期望，用户就会对产品更满意，对产品的忠诚度就会越高，行为转化率也就越高。用户体验包括用户研究、交互设计和视觉设计、评估/评测。

用户体验设计（User-Experience Design，简称 UED），简单地说，产

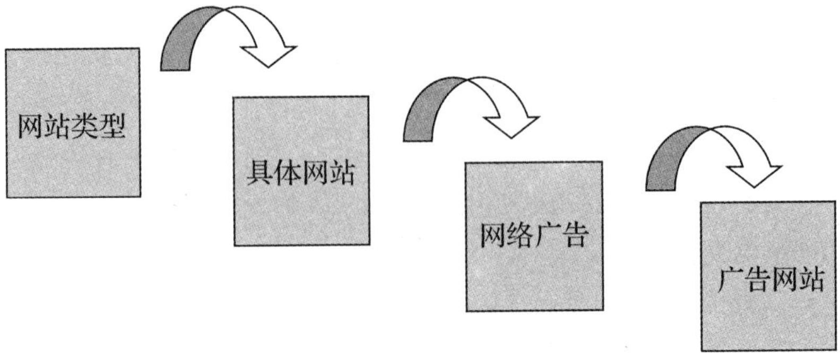

图 1-10　网络广告的转化路径分析

品设计时从用户的需求和用户的感受出发，以用户为中心设计产品，而不是让用户适应产品，产品的使用流程、产品的信息架构、人机交互方式等都考虑用户的使用习惯、预期的交互方式、视觉感受。

好的以用户为中心的产品设计有以下几个特征：产品在特定使用环境下为特定用户用于特定用途时所具有的有效性（effectiveness）、效率（efficiency）和用户主观满意度（satisfaction），延伸开来还包括对特定用户而言，产品的易学程度、对用户的吸引程度、用户在体验产品前后时的整体心理感受等。

以用户为中心的设计（User-Centered Design，简称 UCD），是互联网广告和网站设计的核心思想，简单而言，主要包括交互设计和视觉设计两大部分。交互设计就是研究人与物体之间如何互动的问题，比如按电梯时，按钮立即高亮，同时屏幕上显示电梯现在所在楼层数，这个过程就是交互设计，而电梯按钮用什么颜色、外观有什么花纹就是视觉设计。

以用户体验为中心的交互设计和视觉设计，能够有效提高用户的转化率。网络广告设计之初就应把握用户体验这一概念，将其纳入整个流程并贯穿始终。确保设计充分考虑用户的属性类型（年龄、收入、职业）；符合用户访问网站的目的和期望；了解用户访问的旅程和路径轨迹。

具体实施包括早期的焦点小组，内容访谈，开发过程中的可用性实验，后期的用户测试。在设计—测试—修改这个反复循环的开发流程中，为保证网络广告的转化率效果提供可量化的指标。

当然，值得一提的是，用户体验中心设计的基础是用户价值，满足广告主和用户双方的特定需求和期待，每一个需求就是一个任务，每个任务都有 N 多用户流程，每个流程都有 N 多界面；每个界面可以比作一个点，N 个点组成线（流程）。最高效率的达到目标是提高网络广告的转化效率。图 1-11 是某金融公司的车险产品的用户流程和关键界面。

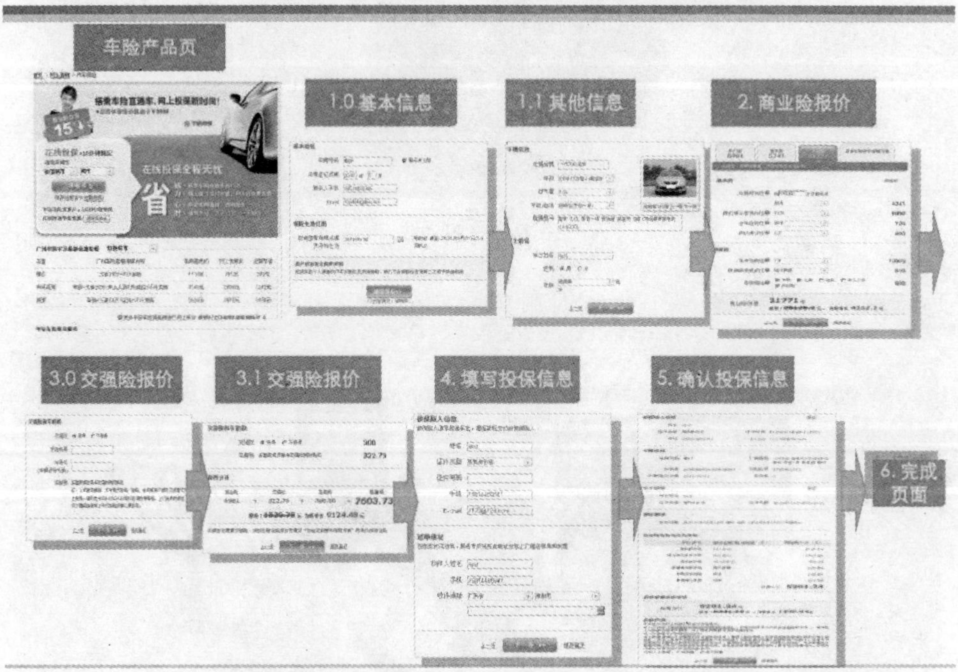

图 1-11　金融公司的车险产品的用户流程和关键界面

为了让大家更直观地了解用户体验设计的方法，我们简单介绍几个常用工具和方法。首先介绍眼动仪。眼动仪用来研究用户浏览广告和网站时眼球运动的轨迹，以确定用户的注意部分，进而分析用户的浏览路径。

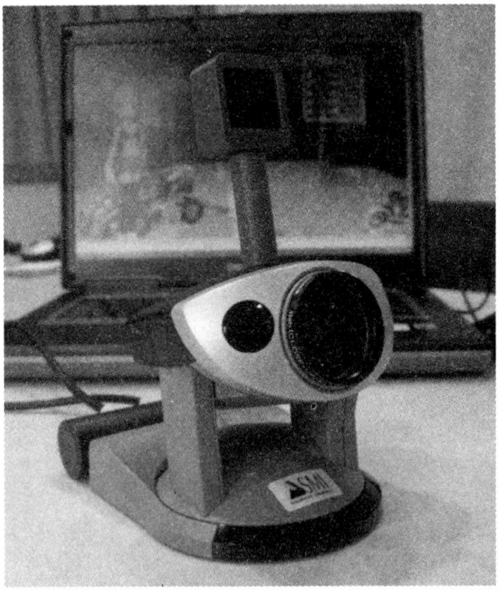

图 1-12 眼动仪

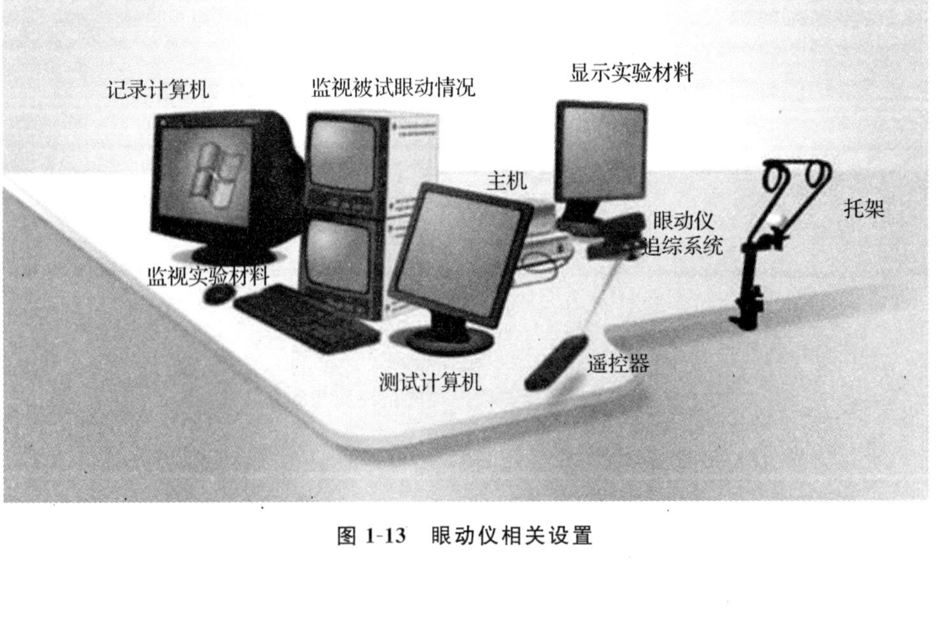

图 1-13 眼动仪相关设置

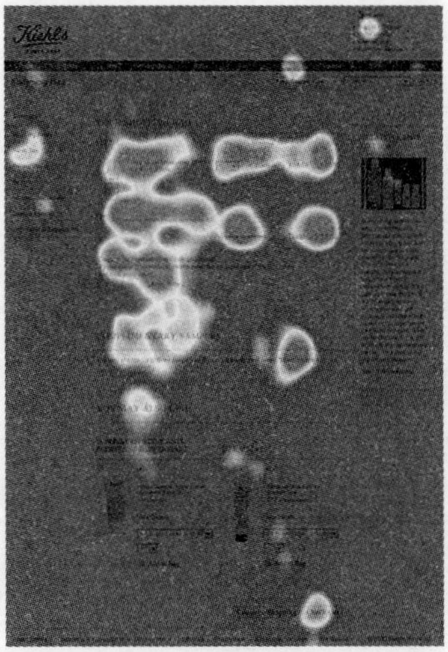

图 1-14　用户在某网站上的眼球关注热图

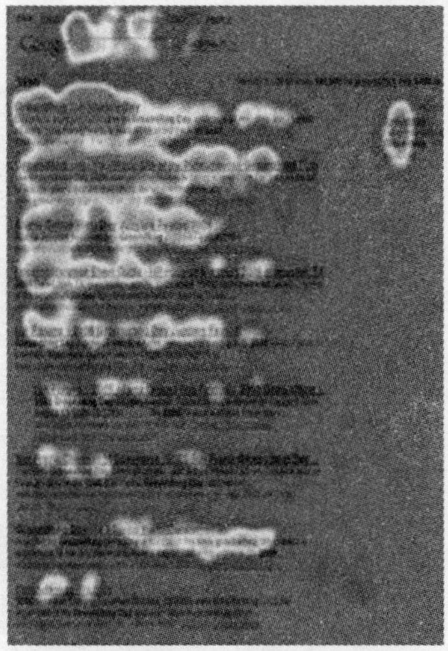

图 1-15　用户在 Google 搜索结果页上的眼球关注热图

用户旅程(User Journey)指用户从不同渠道来到网站后,从开始访问到结束访问的过程。用户旅程分析,是网站用户体验分析和流程优化的重要内容。眼动仪可以综合用户在电脑鼠标和键盘上的操作,帮助了解用户在网站上的眼动轨迹和行为轨迹,从中可以了解用户行为与我们的期待的距离,了解流程可以优化的部分,从而提高用户的易用性和转化率。

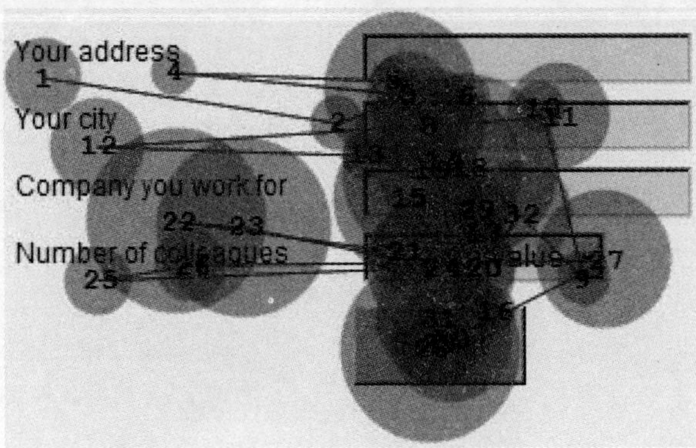

图 1-16　用户鼠标路径分析 1

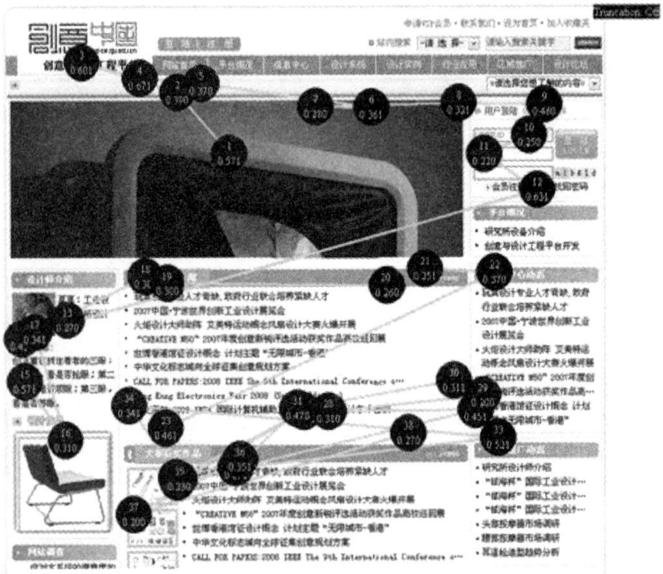

图 1-17　用户鼠标路径分析 2

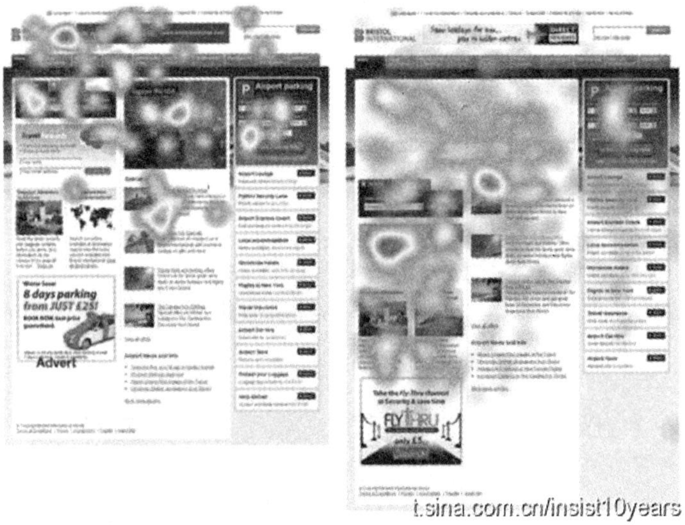

图 1-18　用户的眼动仪分析

此外，通过不同版本的广告或网页设计的用户 A/B 测试，可以了解用户对视觉设计的偏好，从而提高广告或网页设计的转化率。

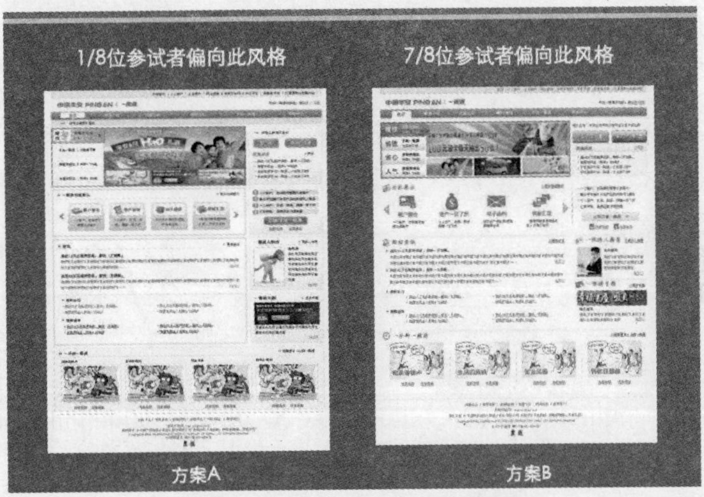

图 1-19　用户对视觉设计的偏好

眼动仪的热图分析结合 A/B 样本测试，可帮助我们了解哪些广告版本更有效。左侧版本的广告，用户的注意力集中在小孩子的脸上，忽略核心广告主题信息；右侧版本的广告，用户的视觉流程先是被小孩子的形象吸引，然后被小孩子的视线引导至关注广告的主题信息，从而提高了广告的转化率。

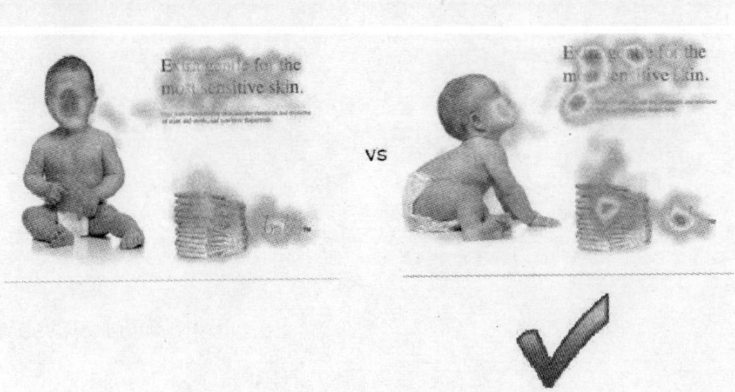

图 1-20　用户对视觉设计的偏好

第 2 章

认识企业广告主的需求

广告主的需求，是网络广告策划的基本方向，对需求进行分类，有利于我们建立转化率指标体系，建立不同的策划和运营的方法，以及项目的评估指标。这样，就可以建立可复制的标准化的网络广告的营销作业方法。

ADVERTISING 网络广告的投放效率

广告主经常接到网站或广告公司销售人员的电话，据统计，55%的销售人员并不了解客户行业的情况，只是推介网站的广告资源。另外，40%的网站广告销售人员也未深入了解自己的网站。

苏格拉底提倡“认识你自己”，遗憾的是，认识自己并不容易，许多广告主也不了解自己的需求。不论是企业，还是广告人，都听说过约翰·华纳梅克那句流传百年的名言——“我知道我的广告费有一半是浪费，可问题是我不知道浪费掉的是哪一半”，这句哈姆雷特式的质问把广告主的无奈之情表现得淋漓尽致。

很显然，企业投放的广告，可能有50%是被浪费掉的，把这浪费的50%找回来，哪怕找回一半，对企业来说，就是节约了25%的费用，完全可以让吃紧的资金不那么紧绷。可以说，25%的浪费是约翰·华纳梅克为代表的企业主未能清醒意识到问题的结果，25%的浪费是媒体和代理公司夸大营销效果的结果。广告主不为营销效果负责，媒体的广告销售更不会考虑这些问题。反过来说，网站广告销售或代理公司不仔细了解客户的需求，了解问题背后的问题，就无法从客户那里得到明确的需求和广告销售机会。

- **广告的最终落脚点是销售**

传统广告指企业借助第三方大众媒体（电视、报纸、杂志、广播、户外等）平台，通过付费传播的方式，传递企业的产品信息。根本上而言，广告是为了销售，奥格威说，广告的目的是吸引消费者、影响消费者。广告的目的是销售，因此，广告的最终落脚点是销售。

- **广告影响消费者的购买意向**

虽然广告的最终目的是销售，但影响消费者购买的因素很多，包括品牌认知、购买渠道、产品价格。广告不是万能的，产品、渠道、服务等出了问题，广告再好也无法起到良好效果。广告对销售的贡献可以简单理解为影响消费者的购买意向。例如新品上市前，没有任何购买渠道，广告播出后，消费者纷纷咨询购买渠道和价格，那么这个广告就在传播层面影响了消费者的购买意向。当然，后续的产品、渠道、价格、服务等出现问题，销售也是上不去的。所以，衡量广告绩效的重要指标是消费者的购买意向。

- **广告效率体现在转化率上**

日常看到的广告公司里，创意人才和设计人才必不可少，广告展现在大众面前的是各种创意设计作品，广告是种传播现象。但是，广告又不同于一般的文化或艺术的作品，因为广告为销售服务。作为服务业，广告同样需要管理目标和过程，用最有效的方式达到特定的目的。在这个过程中，转化率是非常重要的指标。

脑白金的广告，虽然骂声不绝于耳，但它取得惊人的销售业绩。脑白金的广告被评为 2002 年十大恶俗广告，“收礼只收脑白金”成为恶俗广告的代名词，可这并不妨碍脑白金在 2002 年实现 12 亿的销售。为什么脑白金的广告能够这么成功，因为它本来就不是做给城里人看的，而是做给那些在外打工过年回家的打工者看的，过年回家带什么好呢——“孝敬爸妈，脑白金”，于是脑白金就在铺天盖地的广告轰炸中占领了目标消费者的心智。再加上史玉柱使用了擅长人海销售战术，建立了覆盖面广泛的销售渠道，最后创造了销售奇迹。

网络广告也是如此，要根据不同的目标对象，选择不同的沟通方式。基金公司的朋友说，有次他们委托广告公司策划了一个活动，活动方式和页面美工都很精致很炫，效果却不好，反而是普通的有奖问答活动效果很好。他们反思发现，基金公司的该产品面向的是通过银行线下渠道代销的普通的用户，他们的年龄偏大，多是中年以上家庭妇女，过于时尚潮流的活动方式和页面展现形式，她们接受起来困难，反而比较容易接受普通的有奖问答活动。所以,广告策划人员不应该只依据个人的喜好和经验来判断,而应务实地考虑目标用户的行为习惯和审美偏好。

从传统广告到网络广告,虽然媒介形态不同,但本质一样。有些电视广告,看了四五遍还不知道是什么品牌的广告,不知道在说什么,或者说的和消费者有什么关系。面对这样的广告,消费者购买意向就很低,销售转化率很低。

图 2-1 网络广告的基本转化流程

同样,回到网络广告上。从用户看到广告曝光,到点击广告,到参与活动或注册,到最后的购买。整个过程中,转化率高的广告,才是好的广告。经常看到很花哨的网络广告,主题不清晰,内容不知所云,为了搞活动而搞活动,广告了半天,用户不了解品牌的个性主张,利益点为何。这样的网络广告,往往点击率很低,购买转化率很差。本书讨论的重点就是“提高网络广告的转化率”。

提高网络广告的转化率,节约50%不必要的广告费用,是网络广告研究最核心也是最重要的理论指导依据。提高网络广告的转化率,涉及企业的营销和广告战略定位,目标消费者形态和媒介接触习惯分析、用户体验研究等全过程,从用户浏览接触广告,到点击到注册,用户的转化率越高,广告的效率越高,广告管理的绩效也就越成功。

因此,在纷繁复杂的企业营销活动中,必须清晰意识到,只有明确需要解决的问题并科学管理网络广告投放的过程的转化率,才能提升网络广告管理的专业性,以最低的成本获得最大化的ROI投产回报。

ADVERTISING 企业常见的广告需求

做广告最忌讳盲干，不洞察项目意图就开始制作投放广告，企业网络广告具体负责人员或代理公司经常犯这样的错误。广告是为公司战略服务的，而每个阶段公司战略或策略的侧重点不同，应该根据侧重点的变化调整广告策略。对大公司而言，营销目标固然是基础目标，但在不同的公司里，营销的推动力量并不相同，也要区别对待。

例如家电企业，国美电器等大型商超渠道是营销的重要推动力量，针对其投放的广告有助于影响消费者在终端的购买决策；然而，对于化妆品、保健品等大量依托分销渠道和零售渠道的行业而言，新品上市前首要的影响对象并不是消费者，而是渠道商，激发渠道商的信心，大量进货，占据面对消费者的有限的终端渠道，才能直接推动线下销售开展。所以，我们经常看到，某某产品的销售推介宣传品上，都赫然写着将在某大电视台或某大网站投放广告，这都是为了激发渠道商对进货的信心，鼓舞渠道的士气。此外，诸如安利、雅芳和一些保险公司的广告，更是为了配合线下销售，为业务员接触潜在的客户创造机会，激发一线销售人员的士气。

除开销售目标外，品牌和公关传播也是广告的重要目标。企业的职能部门，除开市场部和销售部外，通常都有财务部。资金是企业的血液，在成长性和成熟公司里，CFO（首席财务官）的地位不亚于COO（首席运营官），因为融资和股东关系管理是企业发展壮大的重要保障。因此，在公司年报和相关资本运作之前，往往会进行一番公关或广告传播铺垫，以传播公司积极健康成长的形象，巩固或赢得资本市场的信心。

此外，媒体公关和政府公关也是企业传播的重要目标。在成长过程中，企业需要像大树汲取养分一样，整合许多资源。这些资源不仅包括销售渠道、资本市场，更包括良好的政府关系资源和媒体关系资源。政府的行业政策、税收政策和监管，直接影响行业的格局；媒体的正负面报道，直接影响企业公众认知形象和声誉，影响政府的决策判断和消费者购买决策。

因此，在投放网络广告之前，应清晰认识每个阶段的企业战略，这样可以少走很多弯路。广告不仅做给消费者看，也做给渠道商、业务员、投资者、政府官员和媒体记者看。萝卜白菜，各有所爱，人的需求是多元的，看上去都是消费者，但职业特点不同，社会阶层不同，日常经常接触的媒体也不同。例如，政府官员经常浏览新华网和人民网，媒体记者经常浏览行业网站，投资者则经常浏览和讯、东方财富网、金融界等专业性的垂直财经网站。目标受众不同，企业的投放决策必须随着具体需求和问题的变化而调整。

企业常见的广告意图可以归纳如下表：

表 2-1　企业的常见广告意图分析表

<table>
<tr><th colspan="2">企业目标</th><th>影响人群</th><th>代表性网站</th></tr>
<tr><td rowspan="3">品牌形象</td><td>品牌形象的传播</td><td rowspan="2">大众</td><td rowspan="2">综合门户、搜索引擎、社区网站等组合</td></tr>
<tr><td>影响消费者购买意向</td></tr>
<tr><td>渠道和业务员激励</td><td>渠道商</td><td>综合门户等</td></tr>
<tr><td rowspan="5">公关沟通</td><td>资本市场信心</td><td>投资者</td><td>专业财经网站等</td></tr>
<tr><td>政府公关维护</td><td>政府公务员</td><td>新华网、人民网等</td></tr>
<tr><td>媒体关系维护</td><td>编辑记者</td><td>新闻网站</td></tr>
<tr><td>社区关系维护</td><td>社区居民</td><td>本地网站</td></tr>
<tr><td>企业公民形象</td><td>大众</td><td>综合门户、社区网站等</td></tr>
<tr><td rowspan="3">产品促销</td><td>产品价值的传播</td><td>潜在消费者</td><td>综合门户、搜索引擎、社区网站等</td></tr>
<tr><td>直接刺激消费者购买</td><td>直接消费者</td><td>搜索引擎等</td></tr>
<tr><td>沉睡用户激活</td><td>潜在消费者</td><td>电子邮件等</td></tr>
</table>

注：媒体选择部分，需要根据具体的实际情况，选择和目标对象接触的媒体组合。

表 2-1 描述了企业网络广告主的基本投放需求，其对媒介接触的描述未必完整，电子商务网站、网络游戏网站、QQ 和 MSN 等聊天工具客户端等未包括在内。

广告和公关是从业者经常混淆的概念。狭义而言，广告是企业的主动宣传行为，公关借助媒体的第三方报道来传播企业的信息。严格来讲，广告是企业可以自主控制的传播行为（付费的方式），公关则通过积极与媒体的记者编辑及社会意见领袖沟通，争取积极的信息传播和评价。

但在实际工作中，由于媒体需要盈利，企业往往可以通过付费获得媒体的报道，甚至通过公关公司（或口碑营销公司）在社区论坛上以普通网友身份灌水，影响公众的认知。在西方发达国家，法律规定商业性的新闻必须用线框标明，禁止企业使用匿名在社区论坛上灌水。相对而言，国内的商业自律和监管还需完善。

在形式上看，广告多表现为图形符号，单向度的传播；公关多表现为文字和新闻符号及各种互动活动。这也是人们通常感知二者的差异所在。但在实际工作中，传播要获得整合传播的效果，往往须综合广告和公关的力量，以与目标用户达成全方位的沟通。

本书所说的广告传播，是广义上的，包括公关传播在内的整合传播。其形式包括单向度的广告宣传、新闻报道或专题、互动活动、产品宣传和促销、社区网站的沟通及它们的各种组合传播形式。应结合具体的沟通环境（媒介形态），使用不同的传播形式和沟通语言。接下来，我们将深入介绍媒介形态。

ADVERTISING 网络广告需求简报的撰写

为了将企业的战略需求落实为具体行动，就应清晰描述任务，这就需要制作网络广告需求简报。需求简报是在洞察企业需求基础上形成的指导整个网络广告项目的基础性管理文件。该简报描述项目背景、目标和任务、时间和经费，目标用户和媒介选择，预期的考核指标等，明确企业主对广告项目的需求和期望，将相关信息清晰传递给包括广告代理公司在内的项目相关各方人员，大家在此基础上形成统一的项目共识和作业方向。

通常，网络广告需求简报包括以下主要内容：

(1)项目的基本背景描述。需求方、项目名称、项目类型、项目背景等。

(2)项目的任务描述。对谁(目标受众的属性，特征和需求)？说什么(主题和关键信息点等)？如何吸引人(活动的形式，激励的方式等)？在哪里说(主要网站的选择等)？

(3)项目的考核指标。在规定的时间内(项目的准备和投放时间周期)，用规定的费用，在特定的性价比内(CPM 千人曝光、CPC 点击成本、CPA 注册成本和 CPS 购买成本等)，达到特定的传播效果(用户曝光量、点击量、注册人数和购买人数等)。

(4)具体行动计划。请代理公司或网站，在指定的时间前就项目进行初步沟通，提交初步的项目策划方案。

(5)其他。相关参考文件，项目的具体负责人和联系人等。

网络广告需求简报

Account Brief

需求方	(公司和部门名称)
项目名称	(项目的主题)
项目类型	□品牌形象宣传 □公共关系宣传 □业务产品宣传 (需要洞察客户问题背后的问题，有时候客户的需求不会明说，需要代理公司敏感地意识到客户需求背后的需求，以及多元化的需求)

需求提交日期	（客户将需求传递给代理公司或网站的具体时间）
广告上线日期	（客户计划广告对外传播的具体时间）
前期沟通时间	（客户希望在指定的时间前，完成项目的初步沟通）
策划提交时间	（客户希望代理公司在指定的时间前，提交策划方案的时间）

项目背景
项目背景说明：（公司的简要介绍，为什么要搞这次网络广告，总之就像朋友对话一样，将项目说的对方清楚就好。但要注意，需要站在代理公司的角度，换位思考，代理公司希望了解的内容是什么，什么样的描述有利于代理公司了解客户需求，而不是刻板的介绍公司和项目） 核心信息点：（希望广告的目标受众，最后形成的清晰的记忆点是什么？） 产品所处营销阶段/运营周期：（如果是产品推广，对于产品营销环境的简要描述）
项目目的（本次推广要达到怎样的具体目的？）
（目的的描述，是推导活动方式和效果评估方式的重要前提，目的要有清晰的行动力和指导性，不能模糊。目的描述越清晰，代理公司越好着手准备方案）
项目周期（媒体活动的执行期、公关周期，及其他营销计划的执行期）
（项目的预计推广周期，分为几个阶段，每个阶段的目标和媒介选择，推广方式各是什么。同时，值得注意的是，广告不是万能的，在广告之外，往往需要同时配合公关软文和口碑传播，以及线下配套的推广，形成整合传播。作为项目管理人员，需要立足一方，放眼全局的能力。）
项目宣传
目标受众说明：（消费者是谁？他们的年龄/性别/职业/态度/行为等描述。） 需要传达的重点内容/主题：（从我们的沟通中消费者将了解什么，从而产生我们所希望的行为？） 希望传递的关键信息：（我们说什么？） 例： 　　前台广告语： 　　活动专题标题： 　　…… 用户的利益点：（如何吸引用户的点击或参与活动。例：有趣、大奖、交友、公益、情感、知识……人性的洞察，和用户现实需求的结合，从功能性到情感体验，刺激用户参与活动的各种可能的激励方式）

媒体信息:(本次推广覆盖的媒体名称、热门板块、资源配合)
希望达到的媒体目标:(门户网站、社区网站、搜索引擎、专业垂直网站或社区等,各种媒体形态的功能都不相同,需要根据具体的需求,来选择网站的类型) 需要覆盖的媒体名称:(在网站的大类别中,选择更加精准的网站) 希望利用的媒体版块和资源:(在网站中,选择合适的频道和广告资源)
建议要(或不要)的形式和内容
(根据既往的经验,可以对不好的广告形式进行先期的排除,避免无谓的浪费精力)
可提供的资源、费用预算
媒体投放费用:(可以分媒体来写) 创意制作费用:(代理公司的制作费用,往往包括在代理费中,网站会通过中介服务佣金的方式返还给代理公司。但如果项目涉及复杂的创意设计,也可能需要单独付费,双方协商) 提供的活动奖品:(活动奖品,费用往往需要单列)
期望达到的效果(以什么指标进行推广效果评估?)
□CPC(用户点击平均成本):衡量广告的真实点击的性价比; □CTR(点击率):衡量广告的用户关注度; □活动参与率(获客数):衡量活动策划和平台的用户体验。
需要的文档格式
(　　)PPT　　　(　　)Word　　　(　　)Excel
其他必要信息及要求
(企业广告主需要对项目的整体时间进度进行严格的控制。或者成立专门的项目组,明确分工和沟通机制,防止时间仓促,影响广告的质量)
附件(文件请提供文件名称,网址请填写在下面)
(参考文件、公司网站、期望的风格参考等)

经办人(签名):________________

负责人(签名):________________

※ 以下是网络活动需求简报的参考案例。涉及活动费用等敏感信息未必和实际情况相符,仅供参考。

承诺励志梦想
2009 中国平安励志计划创业大赛
网络活动需求简报

需求方	中国平安集团品牌部新媒体室
项目名称	2009 中国平安励志计划创业大赛
项目类型	公益活动、品牌宣传

需求提交日期	2009-5-14
广告上线日期	2009-9-1

项目背景
项目背景说明 中国平安励志计划在高校和社会上产生了广泛而积极的影响，获得社会各界的广泛认同和肯定，它不仅为学子提供了学术研究的平台，而且也成为企业承担社会责任的典范。今年，是中国平安励志计划迈向了下一个五年的起点，我们希望励志计划能够帮助大学生打造核心竞争力。同时，在今年品牌传播主题“你的平安，我的承诺”、09 年艰难的就业环境等时政背景下，我们希望中国平安励志计划创业大赛为大学生创业、就业搭建平台，提高大学生创业和就业能力，营造良好的社会氛围和环境。 为此，我们希望和“校内网”合作，推出励志计划创业大赛专题网站（www.xiaonei.com/chuangye），对大赛进程及其相关活动全面跟踪报道，广泛的吸引在校大学生的参与。 核心信息点 承诺励志梦想　　中国平安励志计划创业大赛　　你的平安，我的承诺
项目目的（本次推广要达到怎样的具体目的？）
提升本次活动在高校学生中的知名度和美誉度，吸引学生的报名参与，同时积极关注活动，参与到线上活动中来。

项目周期(媒体活动的执行期、公关周期,及其他营销计划的执行期)

第一阶段:9 月初(大赛启动,竞争力测试活动,网络炒作和推广)

第二阶段:9 月 20 日前(海选,鼓励大学生报名参与)

第三阶段:10 月 20 日到 11 月底(预赛,网络配合报道,网民互动参与)

第四阶段:12 月底(决赛,网络配合报道,总结回顾,提升品牌高度)

项目宣传

目标受众说明

全日制普通高校在读本、专科学生和硕、博士研究生。

需要传达的重点内容/主题(从我们的沟通中消费者将了解什么,从而产生我们所希望的行为?)

励志计划能够帮助大学生打造核心竞争力。在 09 年艰难的就业环境等时政背景下,中国平安励志计划创业大赛为大学生创业、就业搭建平台,提高大学生创业和就业能力,营造良好的社会氛围和环境。

希望传递的关键信息(我们说什么?)

承诺励志梦想,中国平安励志计划创业大赛,打造你的核心竞争力。

用户的利益点(如何吸引用户的点击或参与活动)

本次活动的评选流程规范、评选专家权威,活动的影响力大,奖金丰厚,有助于参赛的团队提升自身的综合竞争力,为今后的个人发展奠定良好的基础。而对于参与活动互动环节的其他网友,也有机会获得奖品。

可提供的资源、费用预算

本次网络广告费用在 20 万~40 万之间。

期望达到的效果(以什么指标进行推广效果评估?)

□CPC(用户点击平均成本):控制在 3 元以下;

□CTR(转化率或参与率,从点击到注册):控制在 8%以上;

□活动参与率(获客数):参与竞争力测试的用户不少于 1.6 万~3.2 万(根据实际投放金额)。网络报名参赛的团队不少于 32~64 支。

需要的文档格式

PPT 或 Word

其他必要信息及要求
1. 请提供网络投放的策略建议； 2. 请提供活动的核心创意表现； 3. 请确认我们期望的效果是否能够保证实现。如果确认但最后实现不了，我们将不予付费，直到代理公司补充投放，在活动规定时间内达到规定的效果。（我们会在广告中加入监测代码）如果认为实现不了，请说明具体的原因和建议。
附件（文件请提供文件名称，网址请填写在下面）
创业大赛的活动详细说明

联系人：略

负责人：略

ADVERTISING 网络广告效果评估的行业标准

在项目管理中，目标设定后，就要考虑效果评估，这是监督和指引项目流程管理的重要手段。接下来，我们主要从品牌广告主的角度出发讨论网络广告效果评估的方式方法。当然，除了品牌广告主，还应考虑以销售为直接目的的电子商务网站或网店的项目管理需求，它们多以销售转化效果为衡量的重要标准。

如前文所述，销售是企业营销最终的落脚点，但随着企业发展，为了将产品跨地域销售给陌生的消费者，需要依托大众传媒进行品牌形象传播和塑造，以降低沟通成本，扩大营销规模。品牌本身的营销就可能独立出来，成为企业市场营销的重要组成部分。

互联网的精准人群传播和相对高的传播性价比，为企业品牌的推广和传播营造了新的环境。许多大型企业设立品牌数字营销部门，这个部门运用多种互联网营销方式，把品牌快速深入地植入消费者心智，通过建立品牌认知、品牌偏好及品牌忠诚促进品牌商品的销售。

表 2-2　品牌关键指标体系

品牌关键指标	汽车组		洗发水组	
	自然搜索组	搜索营销组△	自然搜索组	搜索营销组△
无揭示品牌认知	5%	+7	6%	14
揭示品牌认知	96%	+2	94%	+3
搜索结果认知	62%	+21	57%	+14
在线广告认知	71%	+11	64%	+5
进一步搜索意向	45%	+11	41%	+11
品牌好感度	35%	+12	27%	+13
购买意向	36%	+11	34%	+15

表 2-2 是 WPP 集团旗下的市场研究和咨询公司，对搜索引擎营销效果研究采取的实验性对比调查报告表。从中可以清晰看到品牌关键指标，包括品牌认知、品牌好感度、购买意向。

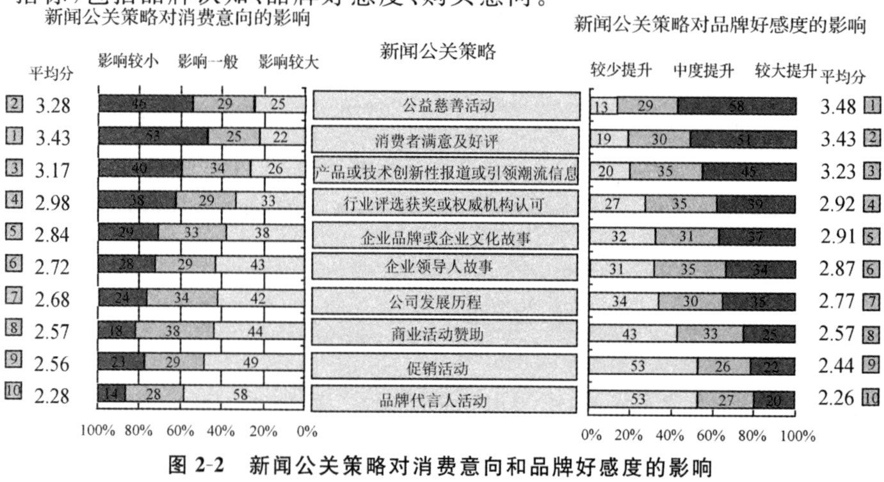

图 2-2　新闻公关策略对消费意向和品牌好感度的影响

图 2-2 是 CTR 媒介智讯《2009 年第四季度新闻接触习惯调查报告》(客户版)对新闻公关策略对消费意向和品牌好感度的影响的调查。该图直观反映了评估新闻公关策略的衡量标准。

图 2-3 是国际知名商业调查公司 IPSOS 益普索的品牌传播结果指标层级体系。

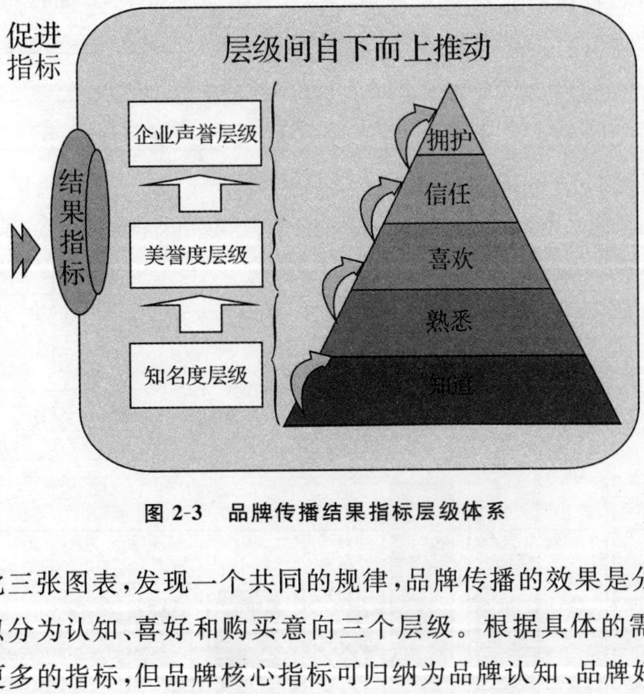

图 2-3　品牌传播结果指标层级体系

对比三张图表,发现一个共同的规律,品牌传播的效果是分层级的,基本可以分为认知、喜好和购买意向三个层级。根据具体的需要,还可以细分更多的指标,但品牌核心指标可归纳为品牌认知、品牌好感度、购买意向。

此外,我们还意识到,三个关键指标之间的转化率是评估广告效率的重要指标。任何广告的效果,都通过这三个层级的逐步转化而落地为销售。

网络广告项目的投放效果调查报告样本

2010 年 3 月,中国平安开展服务承诺项目的网络推广。事后对北京地区月收入主要在 5000 以上的中高端网民进行网络随机调查,回收合格问卷样本1134份。受调查的网民中，男性占54.9%，年龄主要在26～35岁之间(85.7%)，本科以上学历79%，职业主要为企业经营管理人员、专业技术人员、机关事业单位人员等，属于公司的主流目标消费者。

一、认知效果

—60%的用户表示了解寿险“信守承诺为您寻找理赔的理由”承诺。

58%的用户表示了解车险“万元以下 资料齐全 一天赔付”承诺。

38%的用户表示了解银行“跨行转账免费”承诺)

—85.8%的用户通过网络了解2010年的服务承诺。

—用户接触承诺信息的主要渠道是：

新浪59%、搜狐36%、网易34%、百度31%、和讯10%、凤凰9%。

—印象最深刻的广告语是：

车险一天赔付34.3%、寿险寻找理赔理由19.4%、银行免费12.7%。

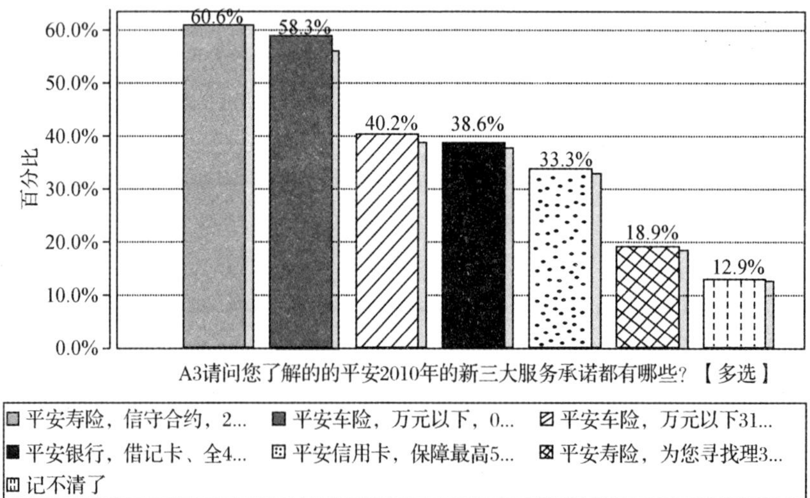

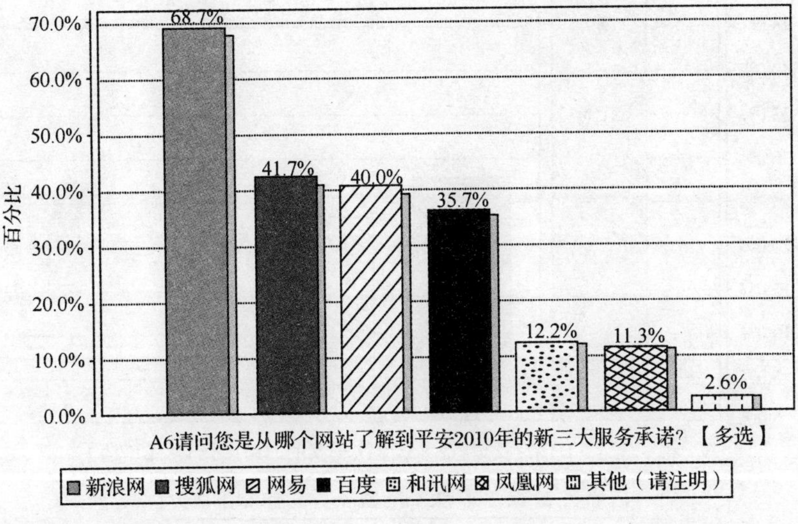

二、态度效果

—72%的用户对服务承诺很感兴趣或兴趣，13%的用户表示一般。

—75.4%的用户对网络广告表示很喜欢或喜欢，23.1%的用户表示一般。

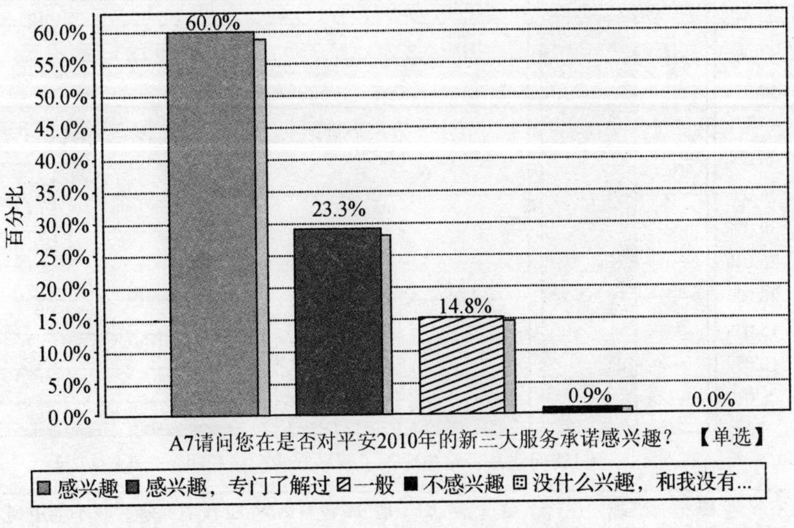

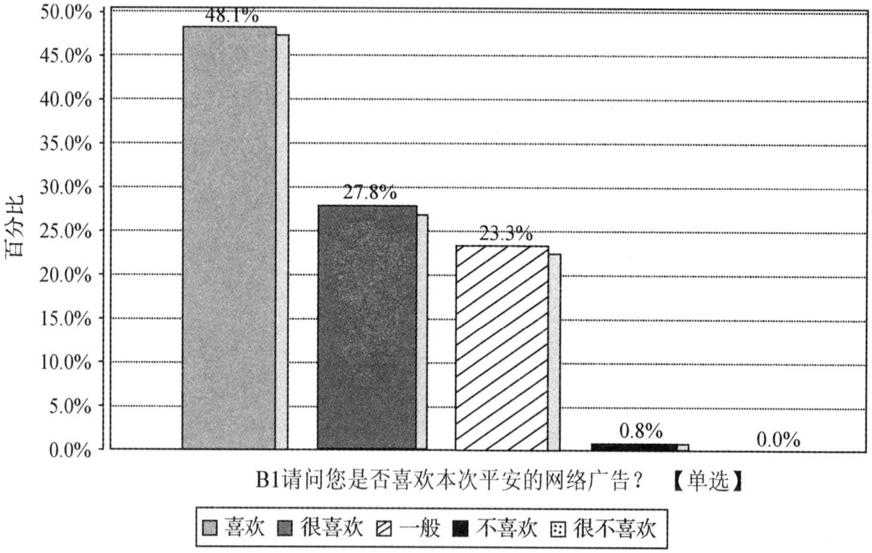

三、购买意愿

—79.8%的用户表示想深入了解公司的服务。

—88.1%的用户表示广告提升了购买公司产品的意愿(23.9%表示显著提升)。

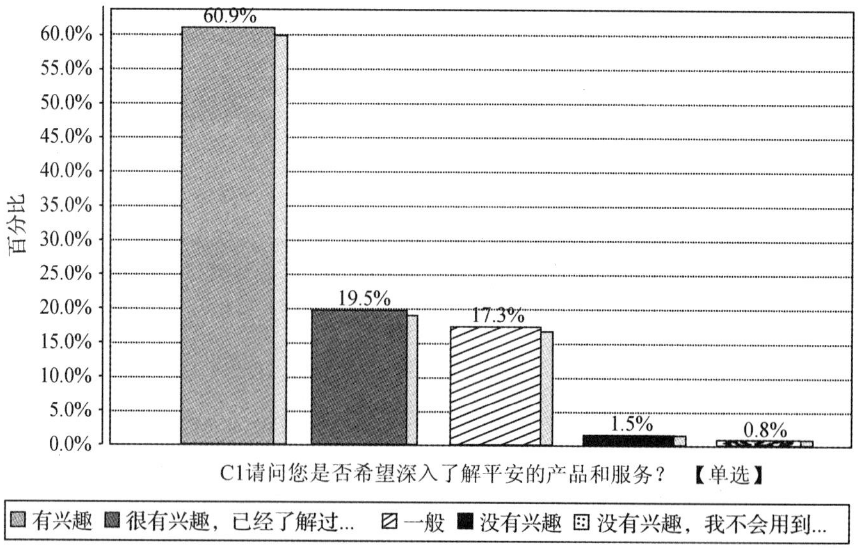

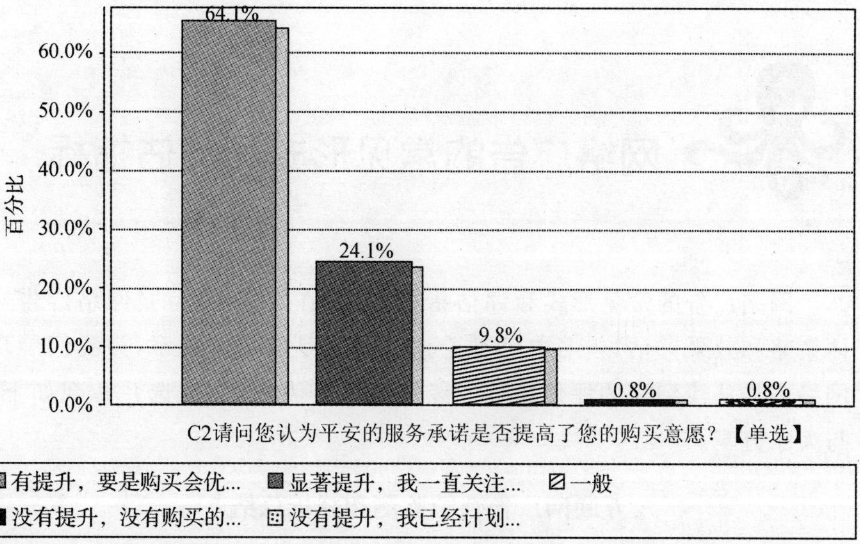

＊下图是在各网站上投放的广告的效果分析，从曝光—点击的转化率，曝光成本到点击成本的分析，可以评估不同网站的投放效果。当然，亦不排除广告投放期间的创意变化等因素影响广告效果，所以该表格仅供方法参考。

序号	媒体	推广形式	预算（万）	百分比	曝光量（万）	千人曝光成本	点击率	点击成本
1	新浪	首页、新闻、财经、博客等	80.085	30.05%	125 324 000	￥6.39	0.07%	￥9.34
2	搜狐	首页、新闻、财经、体育等	81.95	34.85%	162 161 730	￥5.05	0.12%	￥4.18
3	网易	首页、新闻、财经、汽车等	22.4	9.5%	222 350 664	￥1.01	0.03%	￥3.75
4	和讯	首页、新闻、股票等	25.245	10.73%	110 202 820	￥2.29	0.11%	￥2.04
5	凤凰	首页、资讯、财经、宽频等	25.5	10.84%	191 642 127	￥1.33	0.25%	￥0.52
5	Total：		235.18	100%	811 681 341	￥2.90	0.12%	￥3.97

网络广告的常见形式和评估指标

网络广告的常见形式和评估指标，笔者在之前出版的《网络广告媒体策略和效果评估》一书中已有论述。下文是宋星的文章，为我们展现网络广告从浅到深的评估指标。经过作者本人允许，截选并转载如下，与大家分享。

互联网广告营销监测和分析总结①

品牌广告主所采用的互联网广告五花八门，琳琅满目，几乎囊括了当今世界上所有的广告形式。例如，

- 普通显示广告(banner)

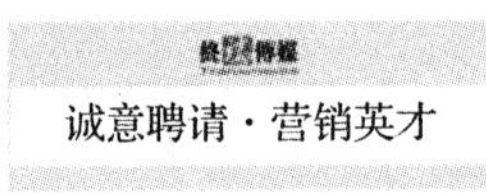

- 文字链(Text link)

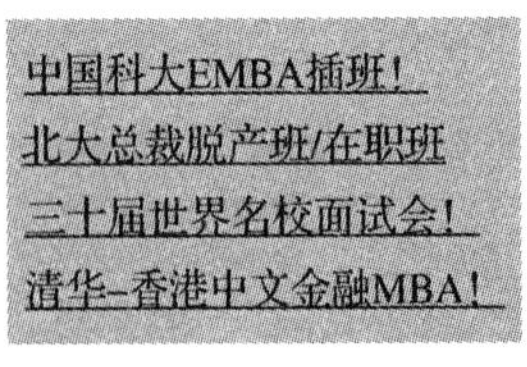

Omnicom Media Group 甚至把文字链广告放在搜索引擎的主页上(“影响明天的是谁”)，轰动一时。

---

① 宋星是国内著名的博客“CWA 网站分析在中国”(http://www.chinawebanalytics.cn/)的作者。拥有 Omnicom Media Group 和 MRM Worldwide 的丰富从业经验。

● RichMedia Banner(富媒体广告),一种可以让访问者跟广告内容进行互动的广告(例如下面花旗银行的广告,鼠标放在不同位置,会有不同的文字出现)。

• RoadBlock(路障广告,或称拦路广告,一种占满网站某一个页面所有或者大部分广告位的广告)。

• Video/TVC(视频或贴片广告)

这些不同的广告形式经常被综合应用在一次广告营销战役(campaign)中,构成蔚为壮观、铺天盖地的景象。铺天盖地的背后,广告主动辄在一次 campaign 中花费数十万甚至数百万美元也不过稀疏平常,因而通过一个看似单纯的营销活动养活了产业链中的多个关键环节,包括:

• 媒体(publisher):广告的载体,也是受众(audience)光临的地方,即我们日常访问的哪些网站。

• 广告网络联盟(Ad Network):小的网站因为力量单薄,访问量小,难以获得广告主的青睐,但是广告网络联盟可以把很多小的网站的广告位置聚集在一起,这样就可以和大的 publisher 相匹敌。

• 媒介代理(Agency):理论上,Publisher 和 Ad Network 实际上并不直接与广告主发生买卖关系,而是要外包给一个媒介代理,以降低成本并增加专业性。

• 广告投放和监测技术提供商(Vendor):广告的效果如何,Agency 需要评估并提供给广告主,有的时候,广告的存储和投放也需要专业的第三方来完成,因此这个产业链中又出现专业的广告投放和检测技术提供商。

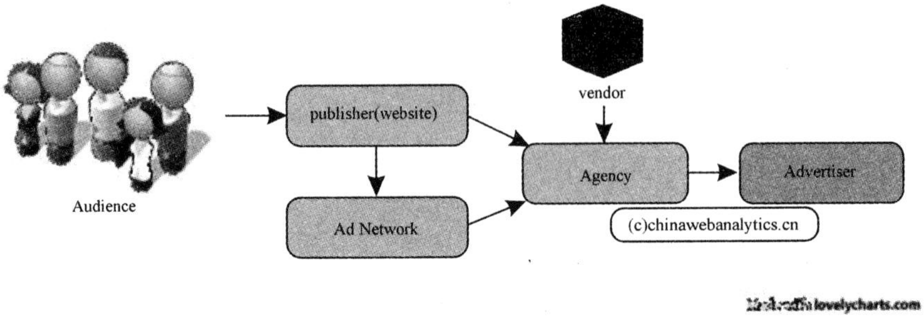

现在，我们把目光集中在绿色的那个 Agency 内，它的工作一方面是负责选择 Publisher 和 Ad Network，制定广告计划，另一方面则是评估正在执行的以及执行之后的广告投放 campaign 的效果。

Agency 对于 Internet 广告营销效果的评估，很多情况下是根据广告主的需求进行的。或者换句话说，广告主要什么，Agency 就尽量满足什么。因此，根据广告主对于 Internet 广告营销效果的认识程度，评估也就分为高中低等。但是，这里并不是说低级别或者中级别就没有高等评估好，其实只要能够满足业务需要就好，高等评估放在一些简单的业务上也是浪费资源。不过总体来看，我很少看到一次广告 campaign 是只做低等评估就能解决问题的。

那么，这些评估是用什么方法进行，具体又是怎样实现的呢？大家接着看。

- 低级评估做些什么

最低等的评估是不评估。只要看见广告正常在 publisher 的网站上出现了就行。这是原始社会阶段，现在已经很少了。

目前，最普遍的情况是，广告主需要知道自己的广告被点击了多少次，即广告的 click 数量是多少；而广告显示了多少次，即 Impression 的数量，则不是那么关心。所以，甚至有很多国际大牌的 Agency，都不提供给广告主通过第三方监测的广告 Impression 数量，或是直接由 Publisher 自己来提供——这就如同报社自报发行量，可信度是较低的。

低级评估被普遍接受的原因，在于品牌广告主在投放广告时即是按照时间来计费，即 CPD(Cost Per Day)，而不是按照欧美更常用的 CPM (Cost Per 1000 Impressions)付费的。

不过，有些跨国企业的品牌广告主，因为总部（Headquater）需要第三方监测广告Impression的关系，在国内也开始利用第三方Vendor来监测广告的Impression。一旦他们这么做了，他们也开始研究评价广告有效性（effectiveness）和性价比（efficiency）的一些基本的度量：

- Effectiveness：CTR=click/impression * 100%；
- Efficiency：CPM，CPC（Cost Per Click）

总体上低级评估只能够告诉广告主的是广告是否在被正常投放，以及大概有多少人对广告产生了反应，但不能带来更多的有价值的见解（insight）。

- 中级评估做些什么

中级评估已经很少有国内的广告主关注，但是当几十万美元被花出去之后，不关注这部分实在是罪过。中级评估包括：

- 媒体广告的有效性（effectiveness）和性价比（efficiency）

在广告campaign结束后，比较不同媒体有效性和性价比是中级评估必做的功课。例如，我们会把广告的CTR、CPM和CPC按照不同的publisher进行细分，来评价哪家publisher的广告更能打动它的受众（CTR高），或是更便宜（CPM和CPC更低）。

但是，在后面高级评估部分我们会知道这种方法理论上美好，实际上的作用已经很小。

- 广告格式、所在位置以及不同创意的efficiency和effectiveness

同样，研究广告的格式（例如它是normal banner中的leadership，还是skyscraper，还是rectangle等）的CTR、CPM和CPC，有助于发现哪种格式更有效；或是以同样的度量细分广告所在的位置——媒体网站的首页还是内页，或是相关频道页等，以及第一屏还是第二屏等，有助于研究应该把广告放在什么位置；或是研究广告不同的创意形式——到底是黑猫还是白猫，更能够让访问者产生兴趣。

在具体的研究过程中，control（控制组）是非常重要的，即确保在进行对比时，其他变量为常量，只保留对比对象为变量。例如，在药品实验中，确保A、B对照组的小白鼠都是一个品种、且生的是一种病，而其中一组用药，以测试药品是否有效果，否则拿小白鼠和小白兔做对比，就不能说明用药的小白兔病好了，小白鼠都死了一定是药品起到了作用。

同样，如果我要研究某个广告创意的有效性，我就应该保证不同创意的广告所用的格式是一样的(都用 leadership)，且所在的位置也基本一样，如都是主要门户网站的第一屏首页。

广告格式、所在位置以及不同创意的有效性和性价比研究比某个媒体整体的有效性和性价比研究复杂的多，但更有意义，因为更细分才能获得更多有价值的见解。

- 广告显示给受众的频次(frequency)和频次分布(frequency distribution)

广告显示的次数少了，受众可能没有留下什么印象，显示多了，又浪费宝贵的金钱，因此分析广告显示给受众的频次和频次分布很重要。

impression frequency＝impression/unique impression；其中 unique impression 又被称为 reach；

click frequency＝click/unique click；

而 frequency distribution 则如下表所示，反映了不同频次的 impression 对应的受众(实际上是 cookie)的比例：

Impression frequency	Distribution
1 time	33%
2 times	22%
3 times	15%
4 times	6%
5 tmes	5%
6 times	4%
7 times	4%
8 times	3%
9 times	2%
10 times+	6%

● 媒体(publisher)受众重叠度(overlap)

所谓重叠度,指两个或多个网站互相存在完全相同的受众占各自全部受众的比例。由于一次 campaign 需要投放相当数量的不同网站,因此研究不同网站之间受众的重叠度很重要,这能够帮助选择媒体(网站)的决策。例如,我们不用数据也能够猜测到 www.it168.com 和 www.zol.com 的受众有相当程度的重合度,因此当广告主的预算拮据,或者对投放精确性有较高要求的时候,重合度能够为广告投放策略提供非常好的依据。

在广告主进行 campaign 之前,很多第三方 vendor 提供各网站之间的重叠度数据以供参考,例如 DoubleClick Ad Planner,如下图所示,是与 IT168.com 受众重叠度较高的网站,其中数字越大,重叠度越高。

sites also visited

Site	Affinity
diy.beareyes.com.cn	16.0x
beargoo.com.cn	17.0x
bible.younet.com	14.0x
myprice.com.cn	14.0x
shop.pcpop.com	14.0x
intozgc.com	14.0x
51nb.com	14.0x
sanhaostreet.com	14.0x
ideapad.zol.com.cn	14.0x
nbbbs.zol.com.cn	16.0x

而在 campaign 结束后,很多第三方互联网广告监测 vendor 也能够提供基于本次 campaign 的更准确的媒体受众重叠度。例如 DoubleClick 有 Cross-Site Corrected Reach Report 来说明一个 campaign 中不

同媒体之间的受众重合关系，如下图所示：

Report Fields		Report Metnics		IT168		ZOL		PC
Site ID	Site Name	Total impressions	Total Reach	Overlap #	Overlap %	Overlap #	Overlap %	Overlap #
775085	IT168	21,881,582	8,694,730	0	0.00	122,729	1.41	52,006
775089	ZOL	29,064,889	6,293,690	122,729	1.95	0	0.00	133,561
775648	PC Pop	11,142,150	1,950,998	52,006	2.67	133,561	6.85	0
775650	Yesky	9,121,971	3,760,477	129,589	3.45	151,092	4.02	52,077
775726	PC Home	4,839,384	2,226,317	61,191	2.75	120,380	5.41	40,539
775727	Sina	47,509,895	17,355,094	310,817	1.79	666,317	3.84	132,537
775744	PC Online	16,951,427	6,777,273	180,535	2.66	450,120	6.64	175,233
776638	MSN China	3,631,377	2,008,435	24,026	1.20	36,979	1.84	9,961
777416	AdChina	13,756,348	8,751,068	291,233	3.33	155,729	1.78	48,909

从表中可以看到，对于某一次 campaign 而言，PCPop 和 ZOL，PC Online 和 ZOL 都有比较高的受众重叠率，而 MSN China 和 IT168 则重叠较少。

除了 DoubleClick 外，国内有一家叫做 AdMaster 的公司，提供与 DoubleClick 一样甚至更多功能和更强大数据组织的报告，不是托，我真的很喜欢他们的技术和后台数据报告系统。

- 高级评估做些什么

很高兴我的客户已经部分做到了高级评估的档次，才让我和 team 能够从中学习。高级评估想要解决的问题是：了解媒体广告的真正价值、了解受众被广告影响的情况、受众本身的属性、广告营销和线下销售的联系。

值得一提的是，这些问题并不是所有都得到了很好的解决，但是每一个领域都已经出现了非常专业的第三方服务提供商。

- Post-click 分析

Post-click 分析是我的最爱，就是指广告受众在点击了广告之后，又做了一些什么。为什么要分析这个？原因在于互联网广告本身是单一维度和缺乏互动性的，我们很难仅仅通过广告的 impression 和 click 数据了解受众的真正想法。

另一方面，也是非常令我深感无奈的，因为一些互联网中的灰色（也同时很晦涩）原因，广告的impression、click，以及相应的unique数据对于很多媒体而言已经了无意义，成为可以随意打扮的小女孩，这就是我在前面所说的"分析媒体广告的有效性（effectiveness）和性价比（efficiency）实际上意义不大的原因"。而post-click分析是通过网站分析完成的，从技术上和方法论上都已经非常成熟，能够从中进行很多真正的分析。也正是因为网站分析能在其中大派用场，那些灰色的部分就能够通过数据分析而现出原形。

所以，如果一个广告主想要真正了解一次广告campaign的效果，必须要做post-click分析。我服务的客户中，有一些已经在很深入的做这个领域，我为他们感到骄傲，不愧为世界上最伟大的公司之一。

Post-click分析的内容包括：细分各个媒体的post-click表现，包括不同媒体的从click到网站visit的转化、bounce rate、访问者行为和路径差异、总体的engagement程度、不同媒体细分受众的兴趣点（热图）；有时候，我们甚至要细分到具体的广告创意、格式和所在位置等。这是非常复杂的分析，但也有不少乐趣，而且每次分析都发现大量猫腻。

DoubleClick的floodlight产品提供一些基本的post-click监测功能，但如果你想做好post-click分析，至少需要使用到Google Analytics的link tag功能，如果能用到Omniture的SiteCatalyst的Saint Tag功能那就更棒了。我的客户为了让SiteCatalyst能够跟DoubleClick整合，甚至用到了Omniture的Genesis，而且专门开发了受众行为计分系统来衡量媒体流量的细分engagement水平，走在世界的前列，令我感动。

- Richmedia广告分析

Richmedia是一类能够直接进行互动的广告banner，好像一个微型的小flash网站。我们要做的，同样是利用网站分析的方法分析受众在这种广告上的互动行为。方法论和上面的post-click分析很类似。工具则是DoubleClick的Motif，当然也有一些其他专业的richmedia监测服务商，如 Eyeblaster。

- Video/TVC

Video/TVC 广告是一类特殊的广告，因为它们是有过程的。除了 Post-Click 分析外，对于这类广告的研究也应该包括视频被不同媒体受众观看/互动的情况。例如下图，每条线都代表一个媒体受众观看视频的情况。例如最下端蓝色的线条，这个媒体的受众表现不佳，因为只有 55％左右的受众观看了 25％的视频，而全部看完视频的受众几乎为零。

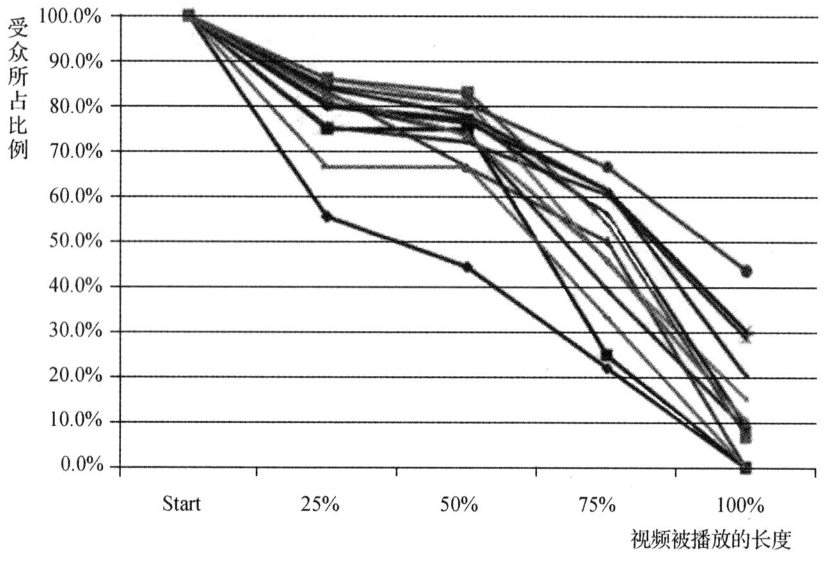

- 受众对广告的反应(受广告的影响)

这个领域需要做受众广告调研。所用的方法同样要做控制组(control group)和对照组(exposure group)。一般用在线弹出窗口的方法做调研，一次 campaign 能够收到 1,000 份有效问卷已属不易。但是能够直接了解受众对广告的感受，十分有价值。

专业的第三方 vendor 有 MillwardBrown、AC Nielsen 以及前面提到的 AdMaster 等。另一种研究受众对广告反应的方法是 IWOM，这个难度大，但效力更强大。不多说，大家可以看我的帖子：Sidney 的 IWOM 监测与分析：理解和实践。

• 受众属性

到底是些什么人看了我们的广告，又对我们的广告产生了兴趣？他们是男人还是女人？年龄多大？是学生还是白领？他们还对什么事情感兴趣？这些都是受众属性(demographics)。

基本上，这个领域还没有跟特别好的 vendor 合作过，在国内广告主关注的也很少。不过我觉得这个领域的潜力不是一般的巨大，但需要克服的技术难度也不小。

有些朋友跟我聊，告诉我他们的解决方案能够根据访问者在网上浏览路径上的不同的网站和关键词来辨别访问者的身份和兴趣；另外一些则尝试开发更强大的内容抓取系统，来了解受众互联网浏览的内容，并进行更复杂的分析。但是，似乎这样的工具还没有席卷互联网让广告主接受。

相关的 vendor 有 Proximic，这是一家创新企业，利用了美国的技术；另一家是 BMG，是一家本土的公司。

• 与 offline 销售的关联

这个是最神秘的领域，至今我觉得仍然没有什么让我眼前一亮的解决方法。当然，还是有一些 vendor 在从事这个领域。对不起，我忘记了这家 vendor 的名字，但是他们的方法还是值得称道的。即，找一定数量(尽可能多)的消费者，然后记录他们上网的行为以及他们线下的消费行为。

不过，他们的挑战在于，样本量和代表性，以及操作的复杂性。

除了这种方法，我没有了解到其他更直接的衡量广告 campaign 和 offiline 销售的关联的。如果朋友们知道，请一定告诉我，我对这块实在太渴求了！

• 总结

品牌广告主的互联网广告营销监测和分析其实究极复杂，所需要利用的方法繁杂而琐碎，不是一个容易的工作，但确实能让人学到很多东西。由于不同行业广告主之间的需求差异非常巨大，囿于篇幅，这篇文章没有探讨不同行业广告主的一些细分区别，如果朋友们感兴趣，欢迎留言继续讨论。

第 3 章

如何制定网络广告媒介计划

传播离不开媒介，大众传播借助大众媒体，跨距离与潜在消费者沟通，获得用户的认知、熟悉和信任。网络广告，就是借助互联网媒体与用户进行沟通的传播方式，了解互联网媒体，是了解网络广告的基础和入门。

首先，我们需要系统了解互联网的发展历程以及不同的网站类型，它们分别满足了用户哪些方面的需求，从而赢得用户；其次，我们需要了解不同网站是如何盈利的，这直接关系企业与网站合作的方式；最后，我们还需了解互联网的业界格局、未来发展趋势及可以利用的机会。

通过了解不同类型网站的特点，了解用户的行为习惯，我们就可以精准地选择目标用户接触的媒体，选择和媒体环境对应的沟通方式，从而使信息精准地到达用户，提高信息传播的转化率。

ADVERTISING 互联网的发展历程和主要形态

截止2010年5月，全球的网站数量超过2亿，中国的网站数量超过323万个。打开hao123等网址导航网站，你可以看到网站琳琅满目。但从宏观上而言，全球互联网的发展经历了两个重大的阶段，从“人与信息”的关系发展到“人与人”的关系，媒体不再是单向度传播的树型架构媒介（网站为中心，主导内容），而是人人可以参与、分享、交流网状的互联网社区（用户为中心，分享内容）。

图3-1　蔡文胜对美国互联网的理解示意

如图，蔡文胜在个人微博里勾勒了美国互联网1995—2010年的发展的情况：“1995年，Yahoo时代互联网刚开始，信息都用分类形式出现，更多是人工编辑。当信息越来越多Google精准搜索自然就替代Yahoo，特征是程式算法和云存储。Facebook代表社交网络的到来，互联网真正进入人人参与的互动时代。而未来是即时移动人机合一的时代。”

与之相对应的是，在国内，类似雅虎门户模式的搜狐网成立于1996年，新浪网成立于1998年；类似Google搜索引擎模式的百度成立于2000年；类似Facebook的人人网成立于2005年，开心网成立于2007

年;类似 Twitter 模式的饭否网成立于 2007 年(后关闭),新浪微博成立于 2009 年。从时间上看,国内的互联网公司的模式大都借鉴国外的主流模式,加以本土化,延续着全球互联网的发展脉络。

目前,Google 是互联网最盈利的公司。Google 的建立和发展,迎合了互联网信息爆发式增长情况下网民对信息搜索的需要。Google 的使命是整合全球的信息,使人人皆可访问并从中受益。完成该使命的第一步始于 Google 创始人拉里·佩奇和赛吉·布林在斯坦福大学的学生宿舍内共同开发出的在线搜索引擎,该引擎开创性地利用反向链接分析技术,在评估每个网页的重要性时,Google 采用了 200 多个指标以及各种技术,其中包含专利算法 PageRank(网页排名),它可以分析出哪些网站被网络中的其他网页"票选"为最佳信息来源,将内容相关度高,影响力大和关注度高的网页排列在关键词搜索结果页的前面,使得搜索结果更具有参考价值,因此迅速获得用户的广泛青睐。

由于拥有庞大的用户访问量,Google 在搜索结果页配置和用户搜索内容相关的广告并按照点击效果收费。此外,Google 利用这种内容匹配同时结合用户搜索行为分析的精准广告技术,为其他网站提供广告匹配服务,成为事实上的全球最大的网络广告代理服务公司。在世界各地,成千上万的广告客户使用 Google AdWords 推广它们的产品;无数出版商通过 Google AdSense 投放与自己网站内容相关的广告。

流量是互联网媒体的生命线,谁掌握互联网用户的入口,谁就将获得用户并在竞争中胜出。Google 的信息搜索是基础性的应用,大量用户将 Google 网站设置成为浏览器的默认打开页面,成为互联网应用的重要入口,成为众多中小网站最主要的流量来源。由于 Google 拥有比 Yahoo 等传统媒体更庞大的用户流量、更庞大的广告位资源、更加精准和效果可衡量的广告投放模式,自然更受广告主的青睐。

此外,和微软等传统的 IT 企业不同,作为互联网企业的领头羊,Google 倡导用户免费模式。通过自主开发和收购大量的互联网应用,诸如 Google Map 地图搜索、Gmail 电子邮箱、Google Chrome 浏览器等眼花缭乱的互联网应用,Google 希望将用户"黏"在自己的应用平台上,进而通过强大的精准广告匹配技术，获得源源不断的广告收入。

例如，Google 将手机操作系统 Android 免费提供给手机硬件合作伙伴，并不直接从系统中获利。这是因为，Google 预计 Android 将促使更多人上网，Google 可以在网络上展示广告。Google CEO 埃里克·施密特表示，Android 手机为 Google 带来的新的广告收入，已经足以支撑系统开发的支出。目前该模式已盈利，最终将成百亿美元业务。

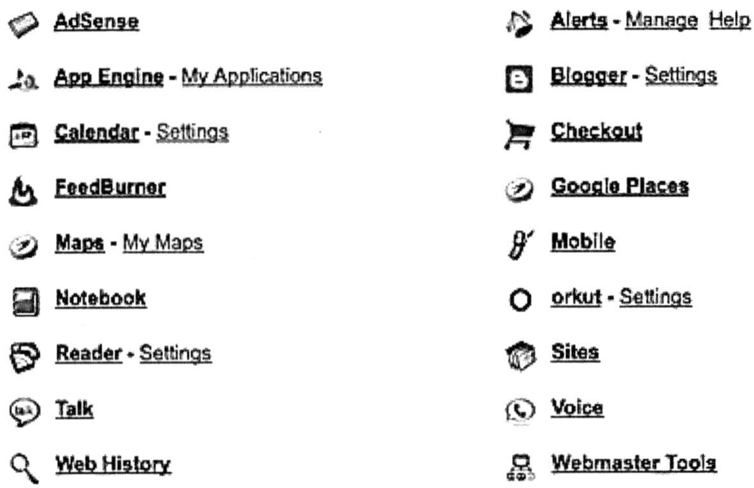

图 3-2　琳琅满目的 Google 免费应用工具

随着 Facebook 和 Twitter 等社交分享网站的出现，Google 在用户黏性上面临竞争与挑战，但搜索引擎的精准广告模式仍然是互联网上最成熟的盈利模式，Google 仍然是互联网上最赚钱的企业。因为广告的用户转化率高，因此也是企业广告主最信赖的广告模式。

Google 主导的搜索竞价模式和内容匹配广告模式，是目前互联网广告的主流模式。即使是电子商务网站，例如淘宝，也采取这样的广告方式。“[illegible]超 15 亿，付费卖家达到 40 万。“淘宝直[illegible]虎中国和淘宝网进行资源整合，推出的全[illegible]结果不只可以显示在雅虎搜索引擎上，还可[illegible]网（以全新的图片＋文字的形式显示）上充分展示。

每件商品可以设置 200 个关键字，卖家可以针对每个竞价词自由定价，并可看到在雅虎和淘宝网上的排名位置，按实际被点击次数付费（每个关键词最低出价 0.05 元最高出价是 100 元，每次加价最低为 0.01 元）。

2010 年 4 月，Twitter 今日宣布推出广告平台 Promoted Tweets，广告商可购买 Twitterers 搜索的关键词。具体操作方法是：用户搜索广告商购买的任一关键词，一则相关广告将出现在用户微博页面顶端。Promoted Tweets 的广告比通常字体要小，当光标覆盖其上时，广告将变为黄色。

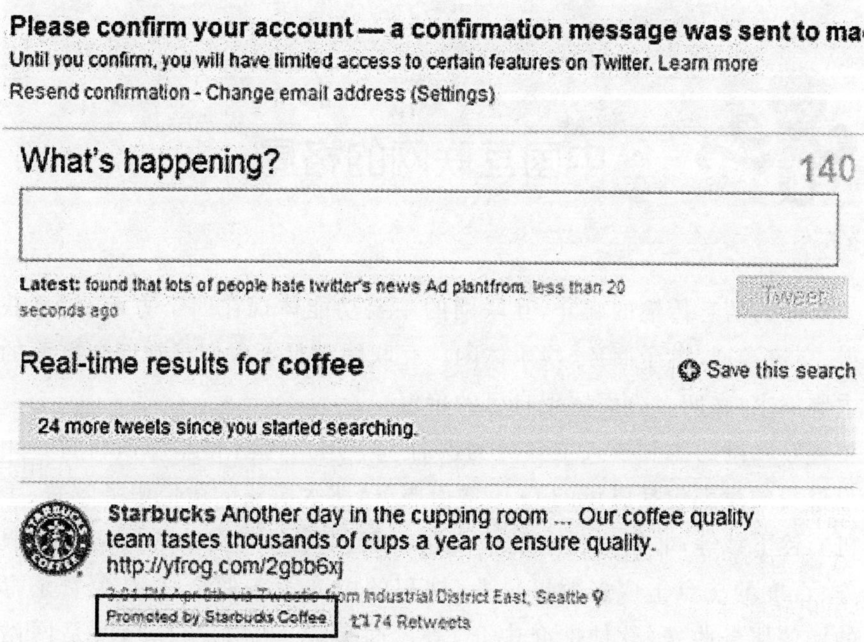

图 3-3　Twitter 今日宣布推出广告平台 Promoted Tweets

从 Facebook 现在和未来可能出现的盈利模式看，搜索广告、网络显示广告、虚拟货币的销售，各种在线平台应用开发商的分成，其中搜索广告和显示广告，依然是其主要的收入来源。当然，社交网站在用户身份和属性的辨认上拥有自己的优势，可以为广告主进行人群定向投放提供参考依据。

基于流量为王的道理，互联网服务商将提供各种免费的服务应用作为吸引用户流量的重要手段，进而通过提供广告，及针对高价值需求用户的增值服务盈利，这成为普遍的互联网盈利手段。诸如，腾讯 QQ 聊天工具是免费服务，凭借庞大用户基础，QQ 空间和互动娱乐游戏的各种道具收入，成为腾讯最重要的收入来源；再如盛大网游，取消对会员收费的进入门槛，改为通过虚拟道具收费，道理也是如此。

中国互联网的格局

作为信息传输的媒介，互联网的主要功能体现在四个方面：信息获得、交流沟通、电子商务、娱乐休闲。互联网满足了人们日常四个方面的主要需求，在四个方面体现自己的价值。

互联网的盈利模式主要分为两种——用户付费和非用户付费。用户付费的代表包括腾讯的 Q 币增值服务，盛大游戏的增值服务收费、手机彩铃下载等；非用户付费的代表包括新浪等门户网站的网络广告服务、百度的按点击广告效果付费、携程的中介服务佣金、360 免费杀毒的增值服务收费（软件推介中介）等。简单说，非用户付费，就是网站通过向用户提供免费的服务，吸引用户，再将用户二次贩卖给第三方的广告主。

国内主要网站，可以从 Hao123 上得到比较全面的了解，大致上国内的主要网站都在这里（Hao123 上的不少网站链接属于商业广告投放）。

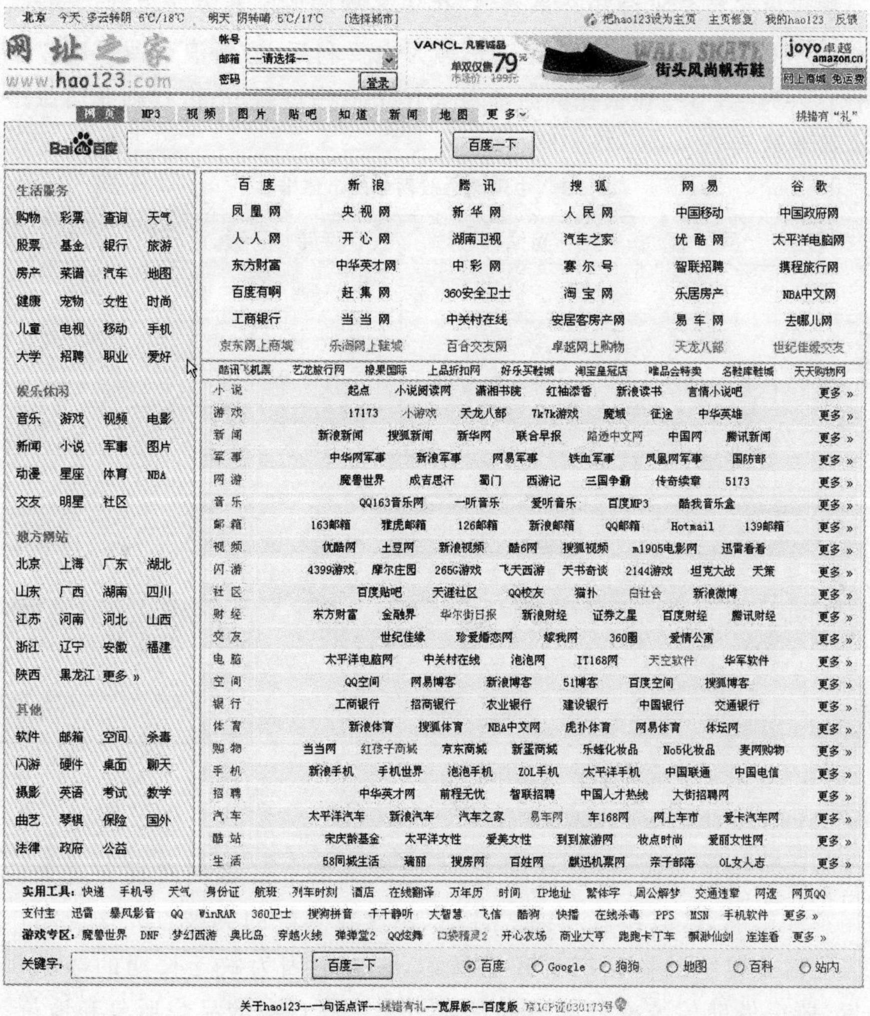

图 3-4　Hao123

从 09 年 9 月 29 日中国互联网上市公司的市值分析看，腾讯、百度、阿里巴巴的市值排名前三位，第四到第十位分别是：网易、携程、盛大、搜狐、新浪、分众、TOM。腾讯依靠庞大的 QQ 用户和增值服务收入高举榜首；其次是百度，依托关键词广告获得广告收入；第三是阿里巴巴，通过提供电子商务平台和会员费、广告等各种增值服务收费盈利。网易、盛大、TOM主要依靠游戏和娱乐等为主要利润点;新浪和搜狐则以广告收入为主,但搜狐依托网游业务整体市值超过新浪;携程则靠商旅中介服务盈利。

表3-1 中国概念股网站的市值排名

排名	网站	07年市值(美元)	09年市值(美元)	涨跌
1	腾讯	80亿	289.61亿	+262%
2	百度	69亿	133.47亿	+93.4%
3	阿里巴巴	未上市	117.92亿	
4	网易	19.9亿	56.24亿	+182.6%
5	携程	26.9亿	38.48亿	+43%
6	盛大	20.1亿	34.80亿	+73%
7	搜狐	11.6亿	25.20亿	+117%
8	新浪	22.1亿	19.73亿	−10.8%
9	分众	42.6亿	14.25亿	−66.55%
10	TOM	8.23	2.91	−62.65%

数据来源:中国概念股09年9月29日。

http://tech.qq.com/web/cnNasdaq/。

通过市值分析,可以清晰看到,虽然天涯等社区网站拥有庞大的用户和影响力,但在盈利模式方面,还没找到好的突破点。这说明广告主对非传统的社区广告还有顾虑,一方面因为缺乏长期的经验积累,还得借助传统成熟媒体的影响力来提高自身的品牌形象和地位;另一方面因为担心社区的口碑环境不可控,无法把握社区活动方式的复杂性。

但是,我们亦看到09年以来开心网的快速崛起,广告主趋之若鹜地在开心网上投放广告,说明广告主重视新兴的社区网站,当然更想借助事件营销来进行话题炒作,许多广告主自己也在开心网上偷菜,SNS网络关系化社区的出现,改变了传统天涯社区的话题讨论式的形态,直接围绕用户的朋友关系建立起真实的网络互动社区。数据显示，截至2009年9月16日，开心人的广告收入为3448.36万元，注册用户为5345万。

同时，人人网(原校园网)由于依托类似Facebook的大学生群体，目前已拥有超过1.2亿注册用户，近3000万日登录活跃用户，这引起大量关注高校大学生群体(企业重要的潜在消费人群)的广告主的重视，人人网亦提供了高校公关活动策划和运营等配套服务，吸引企业在人人网举办各种的校园活动，获得丰厚的广告收入。人人网目前收入来源主要是广告、游戏、增值服务和会员收费，广告收入占50%以上。

ADVERTISING 如何制定网络广告媒介计划

媒介计划，是网络广告策划的重要组成部分。由于预算有限，必须合理分配，因此媒介计划通常是企业最核心的营销管理计划内容。媒介管理的核心是寻找高转化率的媒体资源，实现对目标人群的精准投放，可以分为“质”和“量”两个组成部分。

所谓“质”包括两个方面，一是目标用户经常接触的网站，二是在这些网站中选择与企业品牌形象相匹配的网站。例如，面向全国性的快速消费品品牌，虽然门户网站的广告品牌溢价明显比较高，但能够借助媒体的品牌和影响力来提升或彰显企业的品牌形象，给消费者以“这家企业有实力，可以信赖”的品牌形象，这有助于提高用户的购买转化率。

所谓“量”就是根据媒体的目标用户到达率及广告的性价比来选择广告媒体、广告资源，决定要购买的广告资源(广告位)的数量、投放的时间周期等。通常，广告平均要接触用户4～7次，才能让用户产生印象并引发后续的转化行为。

就媒介组合而言，可以综合考虑“质”和“量”的指标。例如，可以通过在主流网站投放一定周期的广告来建立品牌的核心形象；然后再通过价格较为便宜的辅助网站或者长尾的联盟网站，进行广告的持续性的补充曝光，进而维护和巩固品牌的曝光度，不断刺激用户的后续行为转化。

此外，根据研究发现，用户在不同的场景下见到品牌广告，比在同一个场景下持续看到同一个广告，对品牌形象的印象会更为深刻。因此，企业广告主可以考虑通过不同的广告形式（诸如活动、新闻报道、社群病毒传播等）的结合，来给用户强有力的刺激，吸引其关注并提高转化率。

以下，我们借助某公司的年度媒介计划的制订过程，来说明网络广告媒介计划的制订过程中需要考虑的关键环节点。

某品牌公司的2010年度网络广告媒介计划

一、公司目标用户在各类型网站的周覆盖

主要特征

年龄在25岁至50岁之间；（占互联网网民总数的近60%）
互联网用户的整体年轻层偏低。
月平均收入（税前）在3000元及以上；（占互联网网民总数的13.4%）
收入在4000元以上的人群比例相对3000元的会更少。

辅助特征

地区分布以大中城市为主
生活方式、消费能力高，金融投资氛围成熟。
学历在专科以上
学历越高消费观念、消费形态和品牌认知等方面的接受和认知能力越高。
生活、工作稳定
稳定的环境奠基了稳定的消费能力，是可长期巩固的购买用户。
办公地点集中在商务写字间；
活跃的生活圈，口碑传播的快速集散地。

小结：满足主要特征最大化，那么3.5亿的互联网受众中目标受众约为0.47亿。搜索、博客、门户媒体首页、电子邮件、新闻资讯、社区互动、网络购物、休闲交友、财经娱乐资讯浏览、视频分享等，为目标人群主要的网络应用。

图1 网络目标用户及其网络应用

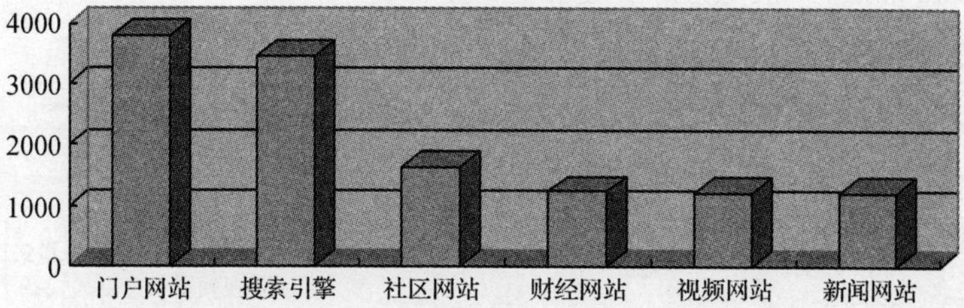

图2　目标人群在各种类型的网站的每周数量分布(万)

门户网站				搜索引擎		社区网站			财经网站		视频网站		新闻网站		
3820				3453		1632			618		1589		1215		
腾讯	新浪	网易	搜狐	百度	谷歌	天涯	开心	校内	和讯	东财	优酷	土豆	凤凰	新华	人民
3069	2381	1879	1721	3193	1588	964	676	363	431	564	864	725	624	354	237

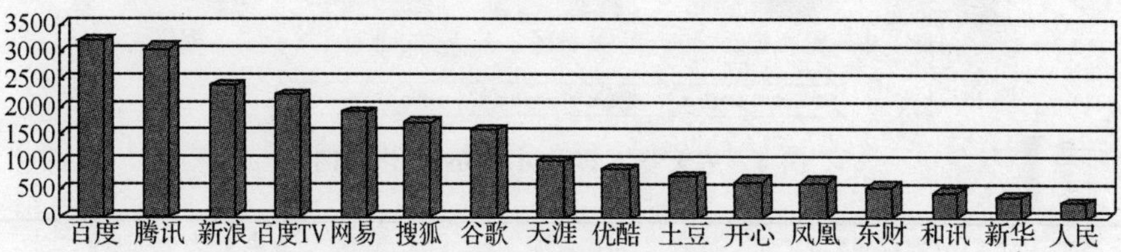

图3　目标用户每周覆盖数量(万)

小　结

(1)从目标用户的绝对覆盖数看：门户、搜索引擎仍是须重点投入的网站类型，垂直财经、新闻网站人群贴合度较高，可通过组合投放提高覆盖，社区及视频网站，因用户贴合度仍较低，但其覆盖人数、有效浏览时间呈现增长趋势，可视具体项目作补充投放。

(2)从各类型网站应用看：门户网站依然扮演品牌传播的主阵地，搜索引擎是用户深入查询和比较信息的渠道，也是精准获客的重要渠道；垂直网站人群贴合度高，但覆盖人群数量少，可考虑综合投放；社区网站则重在与用户的互动体验。

(3)建议媒介投放结构：门户、财经垂直网站(大话题，大品牌)＋社区(活动、话题)+搜索(精准覆盖)+其他。

二、网站的发展趋势分析

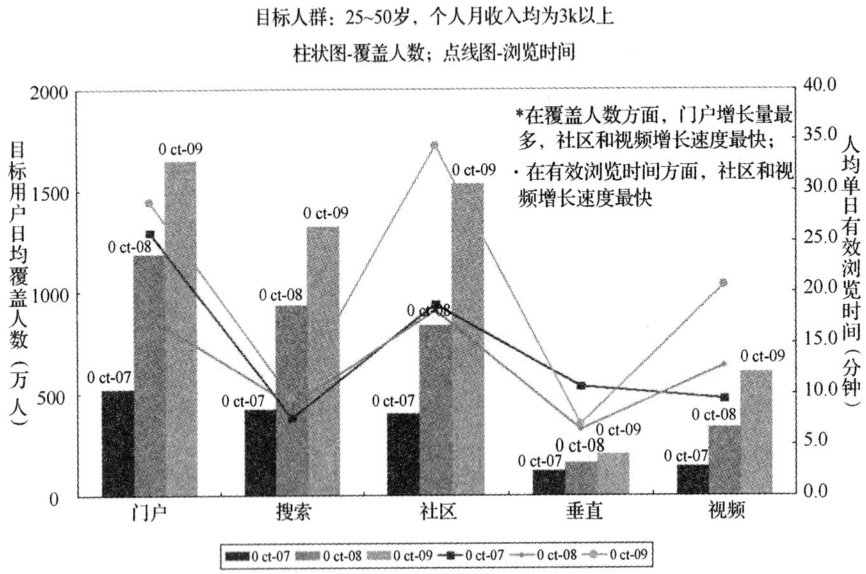

图4 五大类别媒体07—09年趋势图

网站		贴合度	活跃度	忠诚度	重合度	分析	适合平安的推广内容
门户	新浪	15	63	4	16	门户类的网站新浪、搜狐、网易重合度较高，在费用有限的情况下，三个媒体可选择其一进行目标人群覆盖，综合数据分析首选新浪。费用足够的情况下可搭配腾讯客户端进行投放，曝光量大且人群活跃度高。	1. 推广曝光，如年度主题活动、产品活动。 2. 事件类活动的媒体合作，如世博球赛、等大事件。 3. 产品信息的完善，相关频道是否可以快捷的找到平安所有产品和信息。
	搜狐	16	45	2			
	网易	14	49	3			
	腾讯	11	81	15			
垂直	和讯	19	35	18	5	垂直类的该三个网站重合度低，各自的品牌忠诚度都较高，投放的时候可以综合投放以覆盖不同的目标人群，费用有限的话首选凤凰，其次东财。	1. 推广的曝光 2. 媒体的合作，如理财大赛。 3. 产品的信息完善 4. 专业形象的体现，如专家讲座、路演、沙龙。
	东财	23	45	25			
	凤凰	18	50	32			
搜索	百度	12	92	54	38	搜索类媒体重合度很高，把握好百度就可以掌握92%的活跃目标人群	1. 覆盖目标受众可搜索关键词 2. 竞争对手的关键词和关联词 3. 资讯平台信息整合，如贴吧、百和
	谷歌	16	46	8			
社区	天涯	15	59	43	2	社区类网站重合度很低，可以几个网站综合投放，但是不建议在校内网进行产品推广投放，目标人群的贴合度、活跃度、忠诚度都很低，部分项目(如校园公益)可适当考虑。	1. 信息的发布活动产品的 2. 话题的引导，炒作以及负面处理 3. 小调查。开心网更方便发布和搜集
	校内	4	22	11			
	开心	19	41	25			
新闻	人民	19	35	18	30	政府新闻性网站，权威性高；但目标用户人数一般。	1. 重大新闻事件的报道和转载源头 2. 日常的公关维护，防止负面新闻
	新华	23	45	25			

图5 主要门户网站比较

从网站的发展趋势分析，腾讯网、开心网和凤凰网在用户数量和停留时间上，是上升趋势最为明显的网站。天涯、和讯、东财则呈现用户访问时间下降。

1. 不同类型网站比较

- 在覆盖人数方面，门户增长量最多，但社区和视频增长速度最快。
- 在有效浏览时间方面，社区和视频增长速度最快(用户黏性高)。

2. 门户网站

- 在覆盖人数和浏览时间方面，均是腾讯网增长最快。
- 其余三家门户在覆盖人数方面均有稳定的增长，但是浏览时间方面，09年均比前两年都不同程度的下滑。

3. 搜索引擎

百度用户增长数量比较明显。

4. 社区网站

开心网的覆盖人数增长较为明显；在浏览时间方面，开心网和校内网均有较大覆盖的增长，开心网从08年20分钟增长至09年的30分钟，校内网则在09年增长至23分钟；天涯的浏览时间则逐年下降。

5. 垂直网站

凤凰在09年的增长比较明显；在浏览时间方面，凤凰、和讯、东财08年09年两年都差不多，对比07年，凤凰有所增长，和讯东财则有所下降。

6. 视频网站

在覆盖人数方面，优酷和土豆都有增长，从08年开始优酷的增长态势稍强于土豆；在浏览时间方面，优酷和土豆在09年均达到了高值的增长，超过20分钟。

三、2010年的传播项目和各网站的预算分配

1. 2010年的互联网媒介策略

结合热点，制造或炒作话题＋OFFER，激励用户参与门户、财经垂直网站(新闻博客等大话题，大品牌)＋社区(活动、话题)＋搜索(精准覆盖)+视频网站(电视补点)+其他(邮箱等节庆送福活动)。门户网站依然扮演品牌传播的主阵地,社区网站则重在与用户的互动体验,搜索引擎是用户深入查询和比较信息的渠道,也是精准获客的渠道;视频(联盟)网站可以作为电视广告的补点渠道;其他,例如网易邮箱等,可以作为节庆营销的平台。

2.2010 年的网站预算分配

综合上述网站的目标用户覆盖数量、用户的卷入深度、网站的发展趋势;以及公关角度考虑的网站影响力,公关合作的需要等,制定以下网站预算分配方案。

覆盖目标受众需要达到的广告曝光量预估及投放建议

- 根据加权指数(Weight)的侧重比,在一个推广周期内(一般为 4 周)广告投放至少有 2 次接触频次才能产生效果,最佳接触频次至少应为 3 次。下表为根据 2010 年各项目的计划推广周期(计划覆盖频次),需要的总曝光量预计为 5 亿次,费用 1924 万。

网站		合作内容	一周覆盖的目标人数	计划曝光频次	需要的曝光量	预估的cpm	预估费用
门户	新浪	承诺品牌推广	23 810 000	17	404 770 000	￥10.00	￥4 047 700
	搜狐	承诺品牌推广	17 210 000	10	172 100 000	￥9.00	￥1 548 900
	网易	亚运会主题公益合作、邮箱广告	18 790 000	10	187 900 000	￥5.50	￥1 033 450
	腾讯	世博会活动合作励志计划	30 690 000	50	1 534 500 000	￥3.50	￥5 370 750

续表

垂直	和讯	互动活动—高端财经论坛、模拟理财大、硬广投放	4 310 000	50	215 500 000	¥3.00	¥646 500
	东财	栏目合作、专题合作、股吧维护	5 640 000	50	282 000 000	¥3.00	¥846 000
	凤凰	栏目合作、专题合作、硬广投放	6 240 000.	50	312 000 000	¥2.50	¥780 000
搜索	百度	品牌专区,并可考虑适当关键词、新闻专区	31 930 000	67	2 133 333 333	¥1.50	¥3 200 000
社区	天涯	硬广、信息发布、话题炒作	9 640 000	18	173 520 000	¥5.50	¥954 300
	开心	品牌及产品植入	6 760 000	15	101 400 000	¥8.00	¥811 200
总计					5 517 023 333		19 238 800

传播项目		门户网站				搜索引擎		垂直网站			社区网站		其他
		腾讯	新浪	网易	搜狐	百度	谷歌	凤凰	和讯	东财	天涯	开心	淘宝/携程等
服务承诺													
公益传播	项目 1												
	项目 2												
	项目 3												
热点事件	项目 1												
	项目 2												
	项目 3												
业务推广	项目 1												
	项目 2												
	项目 3												
公关宣传													
合计费用													
总计费用													

图 6　覆盖目标受众需要达到的广告曝光量预估及投放建议

ADVERTISING

网络广告活动的媒介计划表

代理公司会根据广告主的预算、需求及媒体的广告资源情况评估每个广告位的预估效果，提供完整的媒介计划表。媒介计划表主要包括：

(1)广告位置、广告形式；

(2)刊例价、折扣、单位净价；

(3)投放天数、投放日期；

(4)预估日流量和日点击量，总流量和总点击量；

(5)平均点击成本；

(6)购买总价和赠送总价；

(7)购买的广告位排期和赠送的广告位排期。

绿色金融2010年3-4月

媒体	广告位置	广告形式	刊例价 RMB		折扣	单位净价 RMB		投放数量	单位	预估日均流量	预估日均点击	预估总流量	预估总点击	整体点击成本	总价（购买）RMB	总价（赠送）RMB
和讯	首页	顶部通栏	130,000	天	50%	65,000	天	4	天	3,800,000	15,000	15,200,000	60,000	2.13	¥260,000	
	首页	第二通栏	70,000	天	50%	35,000	天	2	天	3,800,000	5,000	7,600,000	10,000		¥70,000	
	首页	文字链（套红）	13,000	天	50%	6,500	天	4	天	3,800,000	3,000	15,200,000	12,000		¥26,000	
	股票频道	首页焦点图	40,000	天	50%	20,000	天	2	天	4,200,000	2,500	8,400,000	5,000		¥40,000	
	博客频道	顶部通栏	80,000	天	FREE	80,000	天	5	天	5,200,000	4,000	26,000,000	20,000			¥400,000
	博客频道	旗帜广告一	50,000	天	FREE	50,000	天	6	天	5,200,000	3,000	31,200,000	18,000			¥300,000
	保险频道	顶部通栏	80,000	天	FREE	80,000	天	5	天	50,000	800	250,000	4,000			¥400,000
	保险频道	旗帜广告一	50,000	天	FREE	50,000	天	5	天	50,000	600	250,000	3,000			¥250,000
	博客频道	链条秀（套红）	5,200	天	FREE	5,200	天	12	天	5,400,000	3,000	64,800,000	36,000			¥62,400
	银行频道	旗帜广告一	50,000	天	FREE	50,000	天	3	天	420,000	800	1,260,000	2,400			¥150,000
	理财频道	文章页旗帜一	55,000	天	FREE	55,000	天	5	天	830,000	900	4,150,000	4,500			¥275,000
	股票频道	文章页旗帜三	40,000	天	FREE	40,000	天	2	天	5,800,000	3,500	11,600,000	7,000			¥80,000
	新闻频道	文章页旗帜三	40,000	天	FREE	40,000	天	2	天	1,200,000	2,000	2,400,000	4,000			¥80,000
	总计							45				188,310,000	185,900		¥396,000	¥1,997,400

选择说明：根据用户数据和用户停留时间来选择频道和性价比高的广告位。

图 3-5　网络广告媒介计划表样例

白色部分为购买的广告资源，黄色部分为媒体赠送的广告位资源。

绿色金融2010年3-4月																		
媒体	广告位置	广告形式	3月							4月								
			25	26	[illegible]	[illegible]	29	30	31	1	2	[illegible]	[illegible]	5	6	7	8	9
和讯	首页	顶部通栏	1								1				1		1	
	首页	第二通栏								1				1				
	首页	文字链（套红）		1			1	1								1		
	股票频道	首页焦点图		1					1									
	博客频道	顶部通栏												1	1	1	1	1
	博客频道	旗帜广告一	1	1			1		1	1	1							
	保险频道	顶部通栏	1				1	1		1	1							
	保险频道	旗帜广告一	1				1	1		1	1							
	博客频道	链条秀（套红）	1	1			1	1	1	1	1			1	1	1	1	1
	银行频道	旗帜广告一	1												1			1
	理财频道	文章页旗帜一	1						1	1				1				1
	股票频道	文章页旗帜三					1											1
	新闻频道	文章页旗帜三	1											1				
	总计																	
选择说明：根据用户数据和用户停留																		

图 3-6　广告媒体位置和排期样例

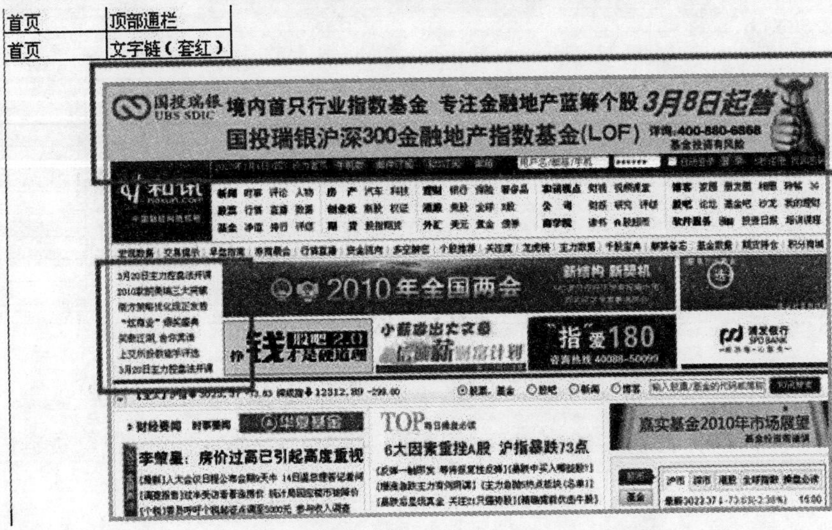

图 3-7　媒介排期的具体广告位的截屏示意图

首页	第二通栏

图 3-8　媒介排期的具体广告位的截屏示意图

股票频道	首页焦点图

图 3-9　媒介排期的具体广告位的截屏示意图

博客频道	顶部通栏

图 3-10　媒介排期的具体广告位的截屏示意图

博客频道	旗帜广告一

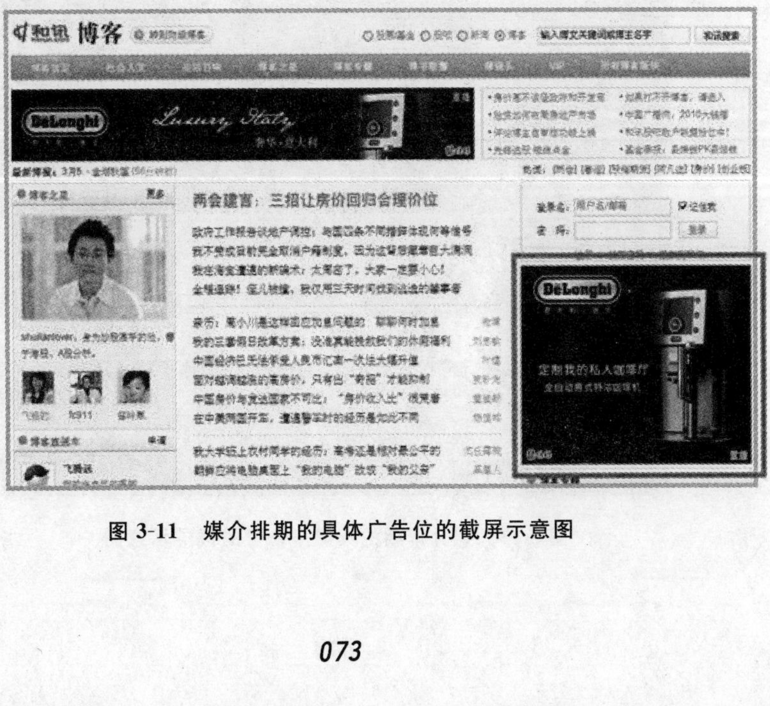

图 3-11　媒介排期的具体广告位的截屏示意图

理财频道	文章页旗帜一

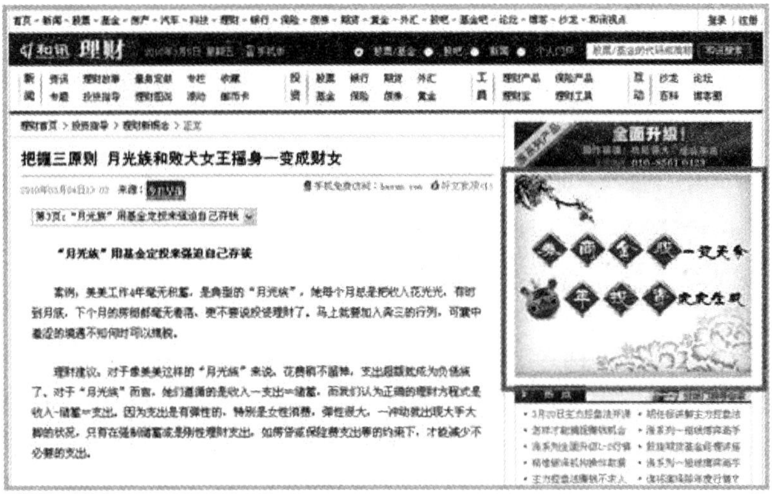

图 3-12　媒介排期的具体广告位的截屏示意图

博客频道	链条秀（套红）

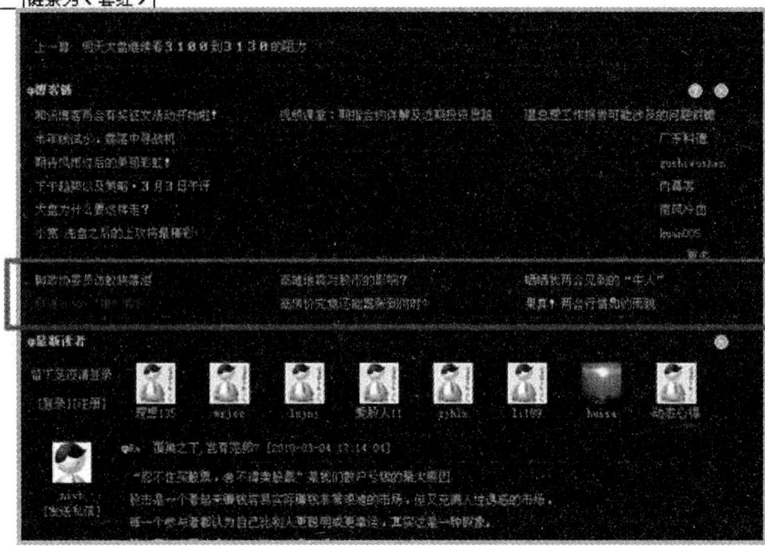

图 3-13　媒介排期的具体广告位的截屏示意图

以下是网络广告媒介选择中常见的问题。

- **网站首页的广告位不一定好于内页广告**

通常,用户访问一个网站的路径有四种:一是通过搜索引擎查询信息,通过链接直接进入具体页面;二是直接在地址栏里输入网址登录网站首页;三是通过外部网站的链接,诸如网址导航网站或外部社区论坛的链接,进入网站首页;四是用户通过收藏夹保存网站的具体频道首页直接进入频道。

目前新浪等门户的首页只占总流量的不到 1/10,大部分流量都从外部网站的链接、搜索导航过去,或者用户直接进入页面。普通网站 32%～90%的流量来自搜索引擎,例如腾讯 QQ 客户端的迷你首页弹出窗,用户点击新闻链接后直接进入新闻内页,因此内页的广告位的流量效果反而会好过腾讯网站首页的广告位。可见,从流量看,网站内页广告位的流量之和,通常高于网站首页的用户流量。合理利用内页广告位的广告资源,能获得比首页广告位更好的性价比回报。

从广告创意表现看,由于网站首页和主要频道首页的需求量大,导致网站的广告位比较小,广告创意难以得到有效表现,文章内页的广告位通常比较大,广告创意的表现比较充分,能吸引用户眼球,得到有效关注。

网站首页的广告位价格比内页高许多。如果企业广告主试图购买网站或频道首页的焦点位置来体现公司品牌的实力和规模,可以选择首页的广告位,结合内页的广告位进行辅助的持续曝光。

- **banner 广告不一定好于文字链广告**

banner 广告用图形的方式展现,比文字链感性,对品牌形象的展现也比较饱满,但深度用户可能对广告视而不见,反而更关注文字链的信息(套红的文字链效果更好,当然也较贵)。另外,banner 广告的价格通常贵于文字链广告,所以文字链广告比较适合传递公关新闻类的软信息。因此,广告主在选择广告位的时候,可以考虑两者结合,以更好地覆盖目标受众。

- **焦点图广告如何利用**

焦点图广告往往会被广告主忽略，但其实，焦点图广告的位置特殊，用户容易将其看作新闻，因此容易得到信任。关注新闻的深度用户看到焦点图广告配上企业的软性新闻报道，更容易相信，这有利于企业传递公关类的信息，建立品牌地位。

- **能够按照效果付费吗**

很多广告主关心，能否根据销售效果来和媒体分成，或者能否根据实际的点击效果来付费。事实上，广告主、媒体的利益和关注点不同，广告主关注用户的实际行为效果，媒体关注多少人看到广告。国外的网站，诸如 MSN 和 FT 中文网，开始采取按照曝光量(即 CPM 千人曝光量)的方式销售广告位；但在国内，以新浪等为代表的大网站，依然主要按照 CPT 天数来购买。

影响力越大的广告位，参考曝光量按天来销售。影响力较小的长尾广告资源，媒体会妥协，可以按照实际点击来销售。百度等搜索引擎和联盟网站的广告，新浪的剩余流量广告(通常需要和广告主签订全年在一定金额以上的合作费用，诸如凡客诚品等投放额度达上千万)即如此。

联盟网站指大量的中小网站，不具备独立的广告销售能力，因此通过第三方的媒介代理公司来投放广告。目前，Google Adsense 是全球最大的联盟网站广告代理，百度中小网站联盟、好耶智易都是这样的联盟网站广告中介服务公司。

- **争取获得广告折扣和配送资源**

通常，企业可以直接向网站购买广告资源，也可以通过代理公司向网站购买广告资源。前者叫“直客购买”，后者叫“渠道购买”。为了扶持代理公司，网站给代理公司的价格通常低于企业直接购买的价格。

此外，媒体根据企业购买的广告金额的大小，根据不同梯度设置不同的广告折扣及配送的广告价值的比例。同时，媒体还会相应的配合新闻报道和危机公关等软性公关。

当然，由于不同的代理公司的媒体广告资源的采购量不同，因此能够获得的网站折扣和配送也不同。因此，大企业可以通过使不同代理公司之间的竞价来获得更多的资源，但这要以代理公司保证服务质量为前提。通常，企业可以通过比稿的方式选择三家服务质量较好的广告公司入围；通过比价的方式最终确定一到两家代理公司作为全年的网站代理公司。少数公司尝试将媒介购买和代理执行分开招标采购。

表 3-2　媒介广告报价单

媒体	主要广告形式	刊例价	投放金额	折扣	配送
新浪	首页顶部通栏	4 轮播 40 万/天，50 元/CPM(1/4 轮播)	200≤T≤300		
	新闻频道顶部通栏	3 轮播 26 万/天，50 元/CPM(1/3 轮播)	300≤T≤400		
	财经频道顶部通栏	3 轮播 18 万/天	400≤T≤500		
腾讯	首页通栏 1	2 轮播 18 万/天	100≤T200		
	新闻频道通栏 1	8 万/天	200≤T≤300		
	财经频道通栏 2	4 万/天	300≤T≤400		
搜狐	首页首屏轮换大通栏 4 轮换	4 轮播 38 万/天	200≤T≤300		
	新闻频道首页第一大通栏 3 轮换	3 轮播 24 万/天	300≤T≤400		
	财经频道首页首屏大通栏 3 轮换	3 轮播 17 万/天	400≤T≤500		
网易	首页顶通	6 轮播 21 万/天	100≤T≤200		
	新闻频道顶通	2 轮播 17 万/天	200≤T≤300		
	财经频道顶通	22 万/天	300≤T≤400		

续表

媒体	主要广告形式	刊例价	投放金额	折扣	配送
和讯	首页一通栏	15 万/天	100≤T≤200		
	首页文字链(一通栏区)	11 个字 1.2 万/天	200≤T≤300		
			300≤T400		
人人网	全通发-顶部 左侧大通栏(12 轮播)	12 轮播 55 000/天	10≤T≤50		
	全站通发-擎 天柱一(12 轮播)	12 轮播 35 000/天	50≤T≤100		

通常,在各大网站的首页下方,都会有该网站的广告资源和公开价格情况的介绍,想了解该网站的详细情况,可以点击并浏览这些网页。

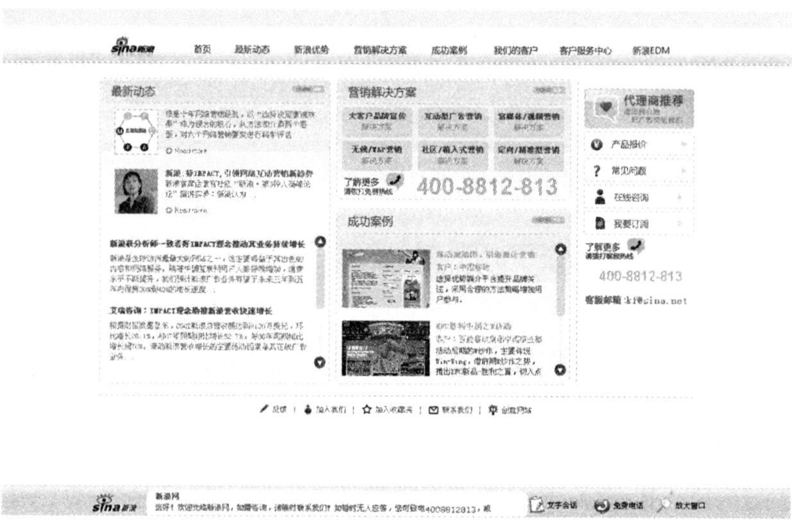

图 3-14　新浪网和腾讯网的广告服务介绍

图 3-15　新浪网和腾讯网的广告服务介绍

新浪网络广告 2010 年 Q2—2010 年 Q3 报价单

执行日期:2010.4.1—2010.9.30

(单位:人民币元)

按钮广告(包括 Button、翻牌)

按钮:140 * 280<20K、240 * 120<20K、300 * 120<20K、300 * 150<20K、370 * 75<20K。

投放文件格式:Swf,Gif,Jpg。

翻牌:120 * 90<7K 160 * 90<12K。

投放格式:jpg。

频道:新浪首页

价格:左侧三轮播:13.5 万/轮/天

左侧三轮播:18/CPM

要闻下两轮播:13.5 万/轮/天

频道:新闻中心首页

价格:要闻区右侧两轮播 01 按钮 8 万/轮/天

要闻区左侧两轮播:6 万/轮/天 1/2 轮 30 元/CPM

国内要闻区左侧两轮播:5 万/轮/天

国际新闻右侧两轮播:3 万/轮/天

体育新闻区两轮播:3.75 万/轮/天

三轮播翻牌:7 万/轮/天

频道:汽车首页

价格:要闻区右侧两轮播:12 万/轮/天

要闻区左侧两轮播:15 万/轮/天

要闻区购车版\社区版左侧两轮播:10 万/轮/天

要闻区购车版\社区版右侧两轮播:8 万/轮/天

频道:科技/财经/高尔夫/体育/娱乐/女性/博客

博客两轮播翻牌:1.5 万/轮/天

体育要闻区右侧 01 两轮播:3 万/轮/天

要闻区右侧 02 两轮播:5.5 万/轮/天

通栏 02 下右侧:5.5 万/天

焦点图下 03 两轮播:7.5 万/轮/天

两轮播翻牌:5 万/轮/天

财经要闻右侧特别推荐下:7 万/天

右侧财经评论下两轮播:3.5 万/轮/天

左侧理财下两轮播:4.5 万/轮/天

三轮翻牌:6 万/轮/天

女性要闻区右侧:2 万/天、左侧 6.5 万/天

通栏 02 上/下:3 万/天

两轮播翻牌:1.6 万/轮/天

频道:手机/播客/星座/理财/读书首页

价格:星座两轮播翻牌:0.45 万/轮/天

要闻右侧:0.8 万/天

读书两轮播翻牌:0.45 万/轮/天

要闻左侧:1.2 万/天

理财首页要闻区左侧:3.5 万/天

手机两轮播翻牌 0.35 万/轮/天

播客播放器内两轮播:2 万/轮/天

频道:军事/育儿/饮食

价格:育儿焦点图下/通栏 01 下:1 万/天

三轮播翻牌:0.55 万/轮/天

军事焦点新闻右侧:0.6 万/天

饮食两轮播翻牌:0.25 万/轮/天

频道:动漫/天气/论坛

价格:天气翻牌:0.1 万/天

论坛两轮播翻牌:0.15 万/天

焦点新闻左侧:0.3 万/天

科技 01 通栏上右侧 1.5 万/天

02 通栏下 0.35 万/天

两轮播翻牌:1 万/轮/天

高尔夫要闻区右侧:1.5 万/天

02 通下右侧:1 万/天

两轮播翻牌:0.6 万/轮/天

娱乐焦点图下两轮播:4 万/轮/天

01通下左侧两轮播:4万/轮/天

01通右侧两轮播:3.5万/轮/天

02通下左侧两轮播:5万/轮/天

两轮播翻牌:2万/轮/天

文字链接(Text Link)

频道:新浪首页

新浪首页要闻区(<=21个字):

价格:10万/天　　三条轮换3.5万/轮/天

规范:<=21字,文字链前增加2个字的文字链

频道:新闻中心

新闻要闻区(18~21个字):

价格:7.5万/天　　三条轮换2.5万/轮/天

新闻社会新闻左、右侧(13字内):　　价格:1万/天

频道:汽车

首页购车新车下　　价格:12万/天

首页新闻版　　价格:6.5万/天

首页购车版焦点新闻区　　价格:6万/天

首页购车版左侧　　价格:6万/天

频道:科技/财经/博客/播客/娱乐/女性/邮箱

财经:专题策划下:4.5万/天、财经要闻区4万/天、财经上市要闻/财经吧下:2万/天

女性要闻区、博客:1.5万/天　　博客/播客浮动推荐:3万/天

邮箱:导航页:1万/天　　娱乐要闻区:1.2万/天

科技:1万/天　　播客播放器下01—03两轮换:1.2万/轮/天

频道:读书/育儿

读书要闻区:0.4万/天

育儿要闻区:0.45万/天

矩形广告(Rectangle AD)

尺寸:250*230 Pixels Max File Size:<30K

投放文件格式:Swf,Gif,Jpg

频道:新闻首页　价格:两轮播28万/轮/天、60元/CPM(1/2轮播)

频道:汽车首页　价格:三轮播25万/轮/天

频道:财经首页　价格:两轮播20万/轮/天

频道:体育首页　价格:两轮播18万/轮/天、60元/CPM(1/2轮播)

频道:娱乐首页　价格:两轮播15万/轮/天

频道:手机/音乐首页　价格:两轮播2万/天

频道:女性/播客首页　价格:8万/天

频道:博客首页　价格:两轮播6万/轮/天

频道:科技首页　价格:两轮播3.5万/天

频道:F1首页　价格:5万/天

频道:星座　价格:4万/天

频道:读书/育儿首页　价格:两轮播2.5万/天

频道:饮食首页　价格:2万/天

频道:论坛　价格:2.5万/天

频道:旅游　价格:两轮播1万/天

频道:动漫　价格:1万/天

焦点图广告(Focus Picture)

投放文件格式:JPG,各频道尺寸详见制作规范

频道:汽车首页　价格:34万/帧/天

频道:财经首页　价格:24万/帧/天

频道:体育首页　价格:18万/帧/天

频道:娱乐首页　价格:16万/帧/天

频道:博客首页　价格:10万/帧/天

频道:女性首页　价格:8.5万/帧/天

频道:理财首页　价格:6万/帧/天

频道:F1首页　价格:5万/帧/天

频道:科技首页　价格:5.5万/帧/天

频道:3G首页　价格:5万/帧/天

频道：手机/音乐/饮食/读书　　价格：3 万/帧/天

频道：育儿首页　　价格：3.5 万/帧/天

频道：教育/旅游/健康首页　　价格：2 万//帧/天

频道：动漫首页　　价格：1 万/帧/天

频道：播客(视频属性)　　价格：15 万/天

背投广告(Super Pop Under)

750 * 450 Pixels Max File Size：<35K 投放文件格式：Swf,Gif,Jpg

频道：首页　　价格：两轮播 15 万/轮/天

频道：新闻首页　　价格：两轮播 15 万/轮/天

频道：汽车首页　　价格：两轮播 12 万/轮/天

频道:财经首页　　价格:20 万/天

频道:体育首页　　价格:18 万/天

频道:娱乐首页　　价格:15 万/天

频道:女性首页　　价格:10 万/天

频道:科技首页　　价格:9 万/天

频道:博客首页　　价格:6.5 万/天

频道:乐库首页　　价格:4 万/天

全屏(Interstitial)

尺寸:950＊450 Pixels Max File Size:＜50K,gif/jpg＜5 秒,必须是静态图

首页/新闻/汽车首页的报备时间为当日 14:00 点—次日 8:59 点

频道:新浪首页　　价格:60 万/小时

频道:新闻首页　　价格:45 万/小时

频道:汽车首页　　价格:28 万/小时

频道:财经首页 25 万/小时　　体育首页 24 万/小时

F1 首页 5.5 万/小时　　女性首页 4 万/小时

游戏首页 3 万/小时　　科技首页 4 万/小时

娱乐首页 12 万/小时　　理财首页 4 万/小时

频道：手机/星座/乐库/旅游/军事/教育　　价格：2 万/小时

新浪视窗

规范要求见富媒体报价单

频道：新浪首页

价格：60 元/CPM

频道：新闻首页

价格：两轮播 15 万/轮/天、40 元/CPM(1/2 轮播)

频道：汽车首页

价格：两轮播 8.5 万/轮/天、55 元/CPM(1/2 轮播)

频道：游戏首页 7.5 万/天　　科技 9 万/天

财经首页两轮播 9 万/轮/天、40 元/CPM(1/2 轮播)

娱乐首页两轮播 6 万/轮/天、50 元/CPM(1/2 轮播)

体育首页两轮播 6 万/轮/天、40 元/CPM(1/2 轮播)

女性首页两轮播 4.5 万/轮/天、60 元/CPM(1/2 轮播)

播客首页 5 万/天

频道：手机/旅游　　价格：3.75 万/天

频道：育儿首页　　价格：3 万/天

ADVERTISING

网络广告活动准备的进度表

在网络广告活动上线前的准备阶段，时间进度表是非常重要的项目管理工具。其任务是协调各子项目、各职能部门和人员分工的时间进度，主要包括以下三个方面。

- **活动方案的沟通**

(1)项目沟通，客户提供相关要求(客户和代理公司):2 天。

(2)代理公司内部讨论:活动执行方案初稿(策划部);媒介方案初稿(媒介部):3～5 天。

(3)活动执行方案的修改确认(客户和代理公司):3～5 天。

通常，项目前期的活动方案的沟通，需要 1～2 周。

- **活动平台的设计**

(1)客户内容和 VI 素材提供(客户)。客户需要积极主动地向代理公司提供活动的相关内容、广告主画面和公司的 VI 素材等。通常，网络广告活动是企业整体广告活动的一部分，传统的广告公司会先为网络广告代理公司提供整体活动的广告设计素材和活动的文案介绍，应根据网络广告活动的特点修改和利用。如果企业不能及时准确地提供相关素材，会严重影响代理公司的准备进度。

(2)首页和内页的 layout 版面框架设计(代理公司创意部)。再好的想法，也离不开最后的设计落地。因此，layout 版面框架设计是核心的部分，设计的 DEMO 应直观呈现整个活动的面貌。

(3)程序开发。前台是脸面，后台程序是交互的支持。好的交互体验，离不开友好和稳定的后台程序的支持。

(4)测试、修正、上线。在活动平台正式上线使用前，一定得留下至少两天的时间进行内部用户测试，及时发现用户使用体验的问题，避免上线后的用户投诉和广告费的浪费，影响品牌形象。

通常，活动平台的设计需要至少两周时间，根据项目的需求复杂程度，例如游戏和 Flash 的开发难度，时间可能甚至更长。

- **前台广告的设计**

(1)Flash 设计。代理公司根据活动的主题和创意方向，制作前台广告的 Flash 物料，通常要设计两三稿，提供企业筛选。此外，根据活动不同阶段的需要，设计不同阶段的广告物料。

(2)媒体广告素材的制作。通常，不同网站和位置的网络广告的大小和形式都不同，包括 banner 广告、富媒体广告等，应根据不同的规格需要进行修改。

通常，前台广告的设计需要一周左右的时间。

网络广告活动的内容很多，需要提前一个月左右将需求提交给代理公司，提供相关的素材。经常出现的问题是，企业内部反复沟通活动的方案，迟迟不能定下来；或者平面广告主设计稿迟迟未能定下来，因此耽搁了网络广告的设计时间；此外，由于传统企业不了解网络广告的复杂性，未能及时提供相关的素材，或者需求描述不清晰，导致反复沟通，影响广告的准备时间，导致广告仓促上线，出现很多问题，影响广告的效果。

表3-3　网络广告项目时间进度表

Jobs(工作内容)	Content(摘要)	负责人	2月									3月										
			20	21	22	23	24	25	26	27	28	1	2	3	4	5	6	7	8	9	10	11
活动方案	项目沟通(客户提供相关要求)	客户、代理公司																				
	内部讨论	代理公司																				
	活动执行方案(初稿)	策划部																				
	媒介方案(初稿)	媒介部																				
	活动执行方案(修改/确认)	客户、代理公司																				
	媒介方案(修改/确认)	客户、代理公司																				
	广告排期确认	客户、代理公司																				
活动平台(绿色承诺签名)	客户内容素材提供	客户																				
	首页layout设计	创意部																				
	首页layout设计(修改/确认)	客户、代理公司																				
	内页layout设计	创意部																				
	内页layout设计(修改/确认)	客户、代理公司																				
	Flash程序&后台程序	创意部																				
	测试、修正	客户、代理公司																				
	上线	—																				
广告设计	Layout设计	创意部																				
	Layout设计(修改/确认)	客户、代理公司																				
	Flash设计	创意部																				
	Flash设计(修改/确认)	客户、代理公司																				
	媒体广告素材制作	创意部																				
	上线	—																				

第 4 章

网络广告活动策划流程

线下广告分硬广告和软广告，网上广告也分硬广告和软广告。所谓硬广告，就是把企业产品或促销活动内容直截了当地传达给用户，如凡客诚品广告，直接告诉消费者经典男士休闲皮鞋新款上市，仅需 199 元。完全不隐藏。这是一个广告，消费者点击这个条幅广告后，就会链接到投放这个广告的购物网站。

硬广告的主要形式

我们以 2010 年 10 月 9 日早上的新浪网首页广告为例，其上可见联通 3G 一周年的品牌告知性广告，也可见三星国庆促销活动广告，还有凡客诚品和马萨·玛索等电子商务网站的产品促销广告。

图 4-1　2010 年 10 月 9 日早上新浪网首页的广告

图 4-1 的凡客诚品广告，直接告诉消费者经典男士休闲皮鞋新款上市，仅需 199 元。完全不隐藏。这是一个广告，消费者点击这个条幅广告后，就会链接到投放这个广告的购物网站。

网络上的消费者自主性比较强，会排斥和忽略普通的产品广告，因此利益点要很明显，才能吸引用户关注，提高转化率。

- **超级便宜的东西**

使用“1 元起买 XX”或“全部 10 元起”这种广告语的商品，其价格必须让消费者觉得不可思议，即使这个东西买了没什么用或质量不好，但因为它太便宜了，也就吃不了什么大亏，消费者于是常常就会点击进来看。C2C 网站通常采用这个办法，低价销售清仓促销的产品，吸引用户关注并带动其他产品的销售。

- **适合季节流行因素或是某个主题产品的大盘点**

降价或者低价通常要有理由，以免消费者认为“便宜没好货”。大盘点通常隐藏着比较多折扣的清仓，符合季节特征，就很容易吸引消费者的眼球。时尚用品、化妆品常在换季时对保湿、防晒等系列产品进行大盘点。

图 4-2　361°的秋季促销广告

季节性促销，抓住消费者在特定时间里的产品需求，对消费者而言，检索罗列出来的相关产品，很方便，省却了搜寻时间，容易引发兴趣。季节性促销广泛应用于服饰产品的网上销售，例如“韩风”系列的服装或饰品的促销。近年来，韩剧流行，只要广告上写有“韩风”两字，就能吸引用户的关注。年轻时尚的化妆品，只要有“女人我最大”的味道或“大 S”的推荐，效果也会相当好。电视或网络的流行，使“女人我最大”节目推荐或“大 S”推荐成为化妆品宣传的必杀技！从谷歌的搜索结果看，“女人我最大”相关链接高达1890万个，链接的几乎都是化妆品网站。

图 4-3 Google 上的“女人我最大”相关检索条

- **免费送礼品或免费试用**

这种手法几乎是所有广告当中最有效的，百试不爽。消费者上网图的除了方便就是便宜。网上还真的有不少“闲人”，整天在看哪里有送东西，哪里有试吃试用，他们还会相互通报或者是在其他网站上分享转载。为了得到这些东西，消费者会很真实地提供姓名、联络方式及其他你想收集的个人信息。只要有助于他拿到免费礼品和试用产品，他们会非常乐于积极配合商家进行用户测试调研。商家推出新产品后，这些名单里的消费者转化为购买者的比例也很高。

想想看，如果你的产品属于低单价的大众消费品，几个赠品花不了多少钱，却可以获得一大堆优质名单和潜在的购买群体，这种活动的投

图 4-4　淘宝试用中心网页

资回报率是多么可观。赠送试用品的有两个成功关键。

(1)赠品最好是要推广的产品,即使拆包几个产品做成小样也划得来的。试用品最好选择那种能很快见效的产品,这样消费者反馈的口碑就会非常正面。

(2)记得让消费者自己付运费,这样做,一方面可以测试这些消费者是否有花钱的可能,找来一毛不拔的铁公鸡注册用户,对网站没有任何好处。如果赠品的数量比较大(如通通有奖),让消费者出运费是合理的。消费者连运费都不愿负担,以后他花钱购买的几率可想而知,也不必花冤枉钱在他们身上。

- **提供购物折扣**

提供购物折扣的方式有很多,例如送购物券、购买后返现金券,或是直接告诉消费者“全场几折”。即使让利比例相同,使用多种方式,对消费者的吸引力会大不相同。一般来说,购物前送购物券,无条件的现金折扣券效果会更好，因为消费者相信他能够真正获利。有条件的购物券，例如满 100 才能用，消费者的感觉就比较差。购物后再给现金券，让消费者下次用，效果也比较差，因为消费者无法立即享受到好处。直接的折扣是这三种方法里效果最差的，因为消费者可能不相信网站真的提供折扣。

软广告的主要形式

这里所谓的软广告与一般网下广告的软广告定义上有些不同。传统媒体的软广告，多以专家的身份撰写软文，对消费者进行洗脑。通过在论坛或博客里投放这样的软文，可以达到免费炒作的效果。网络上的软广告，通常指比较迂回或是用隐藏卖家身份的方式进行广告投放。通常的做法是策划有趣的游戏或活动，引发消费者的兴趣，让他们产生好奇，从而点击广告，访问网站，进而产生后续的行为转化。

经常看到企业举办各种活动，演唱会、公益活动、新闻发布会、挑战比赛、有奖活动等。琳琅满目的活动背后，就是希望营造人气。人气的背后，能够带来消费者对品牌的积极联想。这些积极的联想包括：

(1)哇，这么多人关注，这个公司真厉害，真有实力。

(2)别人关注的，一般不会有啥问题，有问题早就曝光了。

(3)大家都在讨论，我也要了解下，不然就落伍了。

(4)哦，这东西看来挺有意思的，我也了解下。

(5)这个牌子名气大，买它比较放心点。

社会心理学中有“沉默的螺旋”理论：社会中大多数人是旁观的多数，只有少数人是意见领袖和积极分子，从众心理是人的天性之一。很常见的例子是，在社区网站中，通常 80％的用户只浏览，10％的用户在顶贴和灌水，10%不到的用户在主动发帖。网络社区是现实社会的缩影，企业必须主动制造焦点，制造话题，举办活动，炒作影响，发布内容，才能吸引用户的关注和参与，促使他们对品牌产生积极的联想和认知，进而潜移默化地影响其消费行为。

可以用不同类型的活动激发人性天生对娱乐、同情心、体育健康、节庆情感等的需求，用喜闻乐见的方式，创造与消费者沟通的由头和载体，吸引消费者关注和参与，企业借此传递品牌信息和产品信息，让消费者产生积极的品牌联想。

网络活动的常见形式有：

- **游戏营销活动，体验品牌功能**

所谓游戏形式广告，通常不是复杂的大型网络游戏，而是让消费者有机会参与互动的小游戏，这些游戏正好帮他们解闷，他们很乐意访问并玩下去。设计这种游戏广告的时候，应该特别注意“寓教于乐”，让用户玩的同时跟产品或品牌产生关联，把产品的特色或功能隐藏在游戏中。

下图是中国移动 G3 手机的游戏广告，游戏设置了寻人游戏和虚拟超市等环节，让用户体验 G3 手机的各种功能和应用，这就是所谓的“寓教于乐”。

图 4-5　中国移动 G3 手机的游戏广告

- **节庆营销活动,品牌融入生活**

元旦、春节、元宵节、情人节、端午节、劳动节、中秋节、国庆节、圣诞节等节庆到来时,消费者通常会比较兴奋和敏感,对相关活动的参与度和转化率比较高。节假日贯穿全年,好好加以利用,可以简便易行地吸引消费者参与活动。

嘉实基金推出名为“爱在新时代,定投,定情,定终生”的节日营销活动,将嘉实基金定投与爱情,家庭紧密联系在一起,有效诠释爱嘉定投的核心利益点——提高家庭的生活质量,稳固家庭成员爱情。该广告的背景是中国传统节日七夕节。

图 4-6 嘉实基金的七夕节广告

- **公益营销活动,品牌有责任更信任**

有责任,更信任。近年来,企业参与的公益营销活动日益增多,越来越多的企业意识到,公益营销能帮助企业树立负责任的品牌形象。通常人们会产生这样的品牌联想:一家有社会责任感,充满爱心的企业,应该也会对消费者负责。情感是连接社会关系的重要纽带,支教活动、救灾活动、环保活动等社会公益活动容易引发人们的共鸣和参与,从而帮助品牌建立良好公众形象和信任感。

玫琳凯联手搜狐推出为四川灾区孩子送祝福公益活动，活动覆盖搜狐媒体平台上黏性强、聚合力强的网友（即品牌产品潜在用户群），该活动在页面和广告创意上推陈出新、在互动营销上运用祝福墙产品形式，充分展示玫琳凯品牌公益形象。

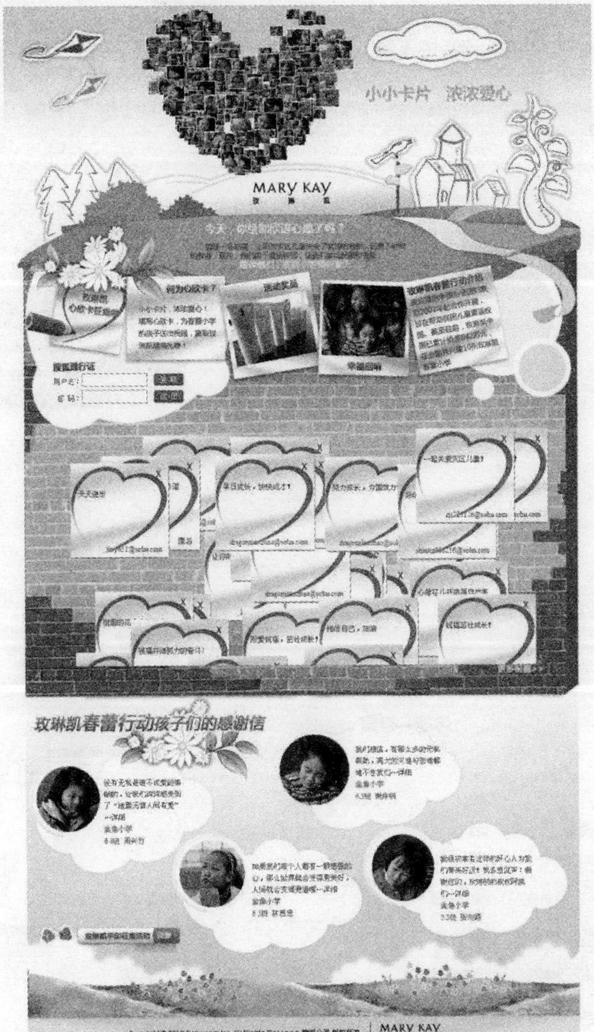

图 4-7　玫琳凯联手搜狐推出的公益活动

紫荆花漆制作投放了环保行动互动广告，用户可以直接在广告上填写自己创作的口号，然后提交姓名、电子邮箱和手机号码，即可参与抽奖。此外，用户如果在手机上看到广告，也可以直接登陆手机 wap 网站，填写信息，参与活动。企业的手机短信平台会向参与用户发送短信，用户凭借短信到线下的实体店参与优惠活动。

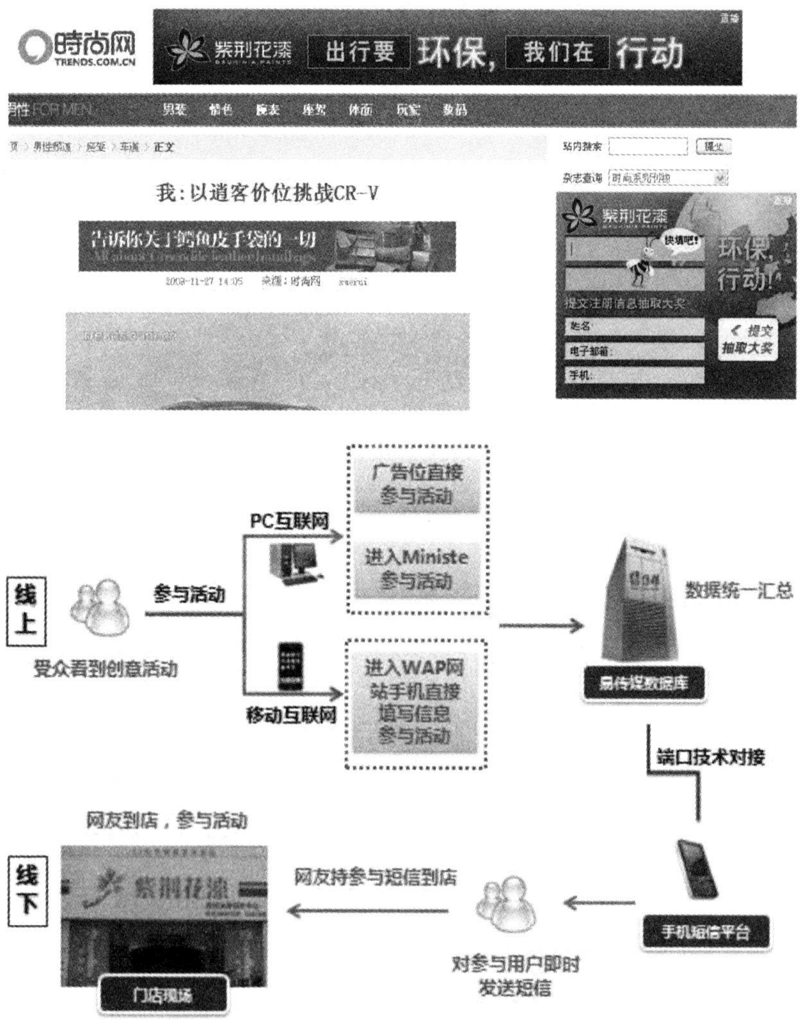

图 4-8 紫荆花漆的环保行动互动广告

• 娱乐营销，带来品牌美好生活价值联想

娱乐营销，并不是为了娱乐而娱乐，而是因为娱乐活动和话题容易吸引用户关注。毕竟，人天性喜欢玩。娱乐营销，能够直接吸引用户参与和关注，并带来“这个品牌能够给我的生活加点料”这样的美好联想。消费者爱屋及乌，就会喜欢上品牌符号背后的产品。

80 后、90 后的消费能力快速增强，个性越来越独立，越来越张扬，喜欢表现自己，喜欢潮流和酷的产品体验。因此，娱乐营销势必大行其道。在网络广告的策划中加入娱乐化元素，能够提高用户对广告的关注度和参与度。

NOKIA 的网络娱乐营销

一组名为“刘谦最新最牛街头魔术”的视频，迅速火爆各大视频网站，据不完全统计，该视频在各大视频网站累计点击量已超过千万。视频中刘谦在街头大秀所谓近身魔术，引来街头无数人围观，而刘谦此次变魔术的道具竟是一部诺基亚 N 系列手机，在人们赞叹一片惊喜的尖叫中，手机功能被展露无遗，令人印象深刻，网友也是疯狂跟帖评论，着实制造了一阵手机魔术旋风。

给娱乐加点儿料

很多品牌想到做娱乐营销时，第一个反应就是找明星代言，借用明星的娱乐效应和光环，提升品牌价值，直击明星背后的目标受众，但是大多数品牌以为娱乐营销只要找到一个适合的娱乐元素就万事大吉，这种认识只是停留在明星营销的初级阶段，当我们几十年如一日的怀旧着让明星脸去吆喝的海量无创意广告的时候，殊不知随着时代的飞速发展，受众新的媒体习惯正发生着巨大变化，要想不落后，娱乐营销与目标受众沟通的手段也必须进入到一个新的境界。

目前，真正的娱乐目标人群非常年轻化，他们每天接触传统媒体的时间绝不会多于网络，他们喜欢在论坛发表意见、喜欢在社区分享高关注事件、喜欢在视频网站观看更为草根的创意视频、喜欢用 MSN、QQ

来分享内容……因此需要品牌能够根据他们的喜好来展开传播。前不久，春晚当红的"不差钱"（小沈阳、赵本山、毛毛）代言仁和药业的娱乐事件，在广告片全国大范围播出前，就在各大门户网站、视频网站、论坛、社区、IM等各种网络环境中进行了大范围的传播，在网络制造了不小的轰动效应。因为仁和深知像小沈阳这样的明星一定是网络受众热力追捧对象，虽然覆盖密集的电视广告能够覆盖到绝大多数人群，但是真正让娱乐营销事件影响年轻人，放大该娱乐效应，就应该让娱乐＋病毒营销＋口碑营销……

手机，明星，在魔术中蜕变

这次NOKIA和刘谦的合作成功之处也只这样，沟通手段上是——娱乐＋创意＋事件＋病毒＋口碑的综合运用。首先刘谦的娱乐效应自不必说，用手机街头魔术的创意制造了一个高关注的事件，非常完美地将娱乐元素与商业元素融合，既把刘谦魔术师的特质发挥得淋漓尽致，也自然地融入诺基亚手机强大功能；其次本次视频内容的草根性给网络受众主动观看、自发传播视频提供了无限可能（就好像一个亲历的路人自己拍的所见所闻上传于网上），这就是所谓的病毒视频，它能像病毒一样迅速传播，它是目前迎合网络受众一种常用的网络营销方法——病毒营销，病毒营销并非真的以传播病毒的方式开展营销，而是通过用户的口碑宣传网络，信息像病毒一样传播和扩散，利用快速复制的方式向数以千计、数以百万计的受众。

在当前注意力经济的前提下，娱乐营销的实质是品牌要找到与品牌调性相匹配的娱乐元素，来投其所好，迎合潜在受众，从而提升品牌的被关注度，这是娱乐具有天然的被关注性所决定的。虽然娱乐内容是品牌做娱乐营销最基本的前提，决定娱乐营销的成败，但是娱乐营销与目标受众沟通的手段才是当今娱乐营销成功的关键所在。

因此，所以说当前的娱乐营销绝不能仅凭娱乐这一个元素就能达到目的，将娱乐与创意营销、事件营销、病毒营销、口碑营销结合在一起，才能将娱乐的效果无限放大，最终达到娱乐营销的最终目的——放大品牌的影响力，要与时俱进加入新鲜的元素，就像一口锅在煮汤，要让汤的味道鲜美、营养丰富，主料固然重要，但辅料是否正确、火候是否到位也是关键所在。

只恋爱不结婚

品牌与娱乐的结合，常规做法是"先开个发布会，高调宣称品牌与娱乐明星的结合，接着明星拍几组形象代言的电视、平面广告，大操大办铺于各大传统媒体……"证明品牌与娱乐联姻了。前段时间《越狱》的大帅哥米勒，来到中国高调代言了国际品牌雪佛兰汽车，据说雪佛兰支付了高额的"嫁妆费"，但是这桩高调的"婚姻"在发布会之后就渺无音讯，婚姻生活可谓平淡无奇，笔者不禁要问，这样的"联姻"，品牌值么？

近身接触公众，却依然保持神秘的品牌营销

诺基亚此次跟刘谦的合作，看似是个娱乐代言事件，其实根本没有正式婚姻。熟悉诺基亚一直以来的策略的人都知道，迄今为止 NOKIA 从来没有请过明星做品牌代言。这次与刘谦的合作，NOKIA 一方面看重刘谦当前超高人气，一方面认为他与本次娱乐营销的目标理念匹配至极——魔术正是一个极富创意性的表演，用魔术作为载体，正符合本次创意营销的调性，另一方面从刘谦身上的娱乐性、魔术的神奇、出神入化的表演，与手机娱乐性、科技性、多媒体解决方案等特征产生共性，正所谓刘谦用双手创造神奇，而 NOKIA 令你用手机创造奇迹，二者一拍即合。不过即便是这样，NOKIA 也没打算找刘谦做品牌代言，近日在NOKIA 媒体见面会上，NOKIA 宣布只是邀请刘谦配合本次创意病毒视频的拍摄，不是代言。

一直以来 NOKIA 非常善于依据其每一阶段的娱乐营销的需求，抓住当下最炙手可热并与之娱乐营销事件调性相匹配的艺人，利用他们的人气，将营销价值最大化。从当年的“音乐让我说”与张靓颖等艺人的合作、到去年 N96 李小龙纪念手机李小龙形象的应用，NOKIA 都没有把他们当做品牌代言，而是把他们当作自己营销中的一个元素。在 NOKIA 眼里没有任何一个明星能嫁入它这个“豪门”，能真正代表它的品牌，也不能真正诠释它的品牌内涵与精神，诺基亚只要人气，不要代言的态度，就是娱乐营销新结婚时代的态度——只想恋爱，不要婚姻，让恋爱为自己的品牌不断带来新鲜的感觉，保持自己品牌饱满的状态。

不是代言，NOKIA 自然不会付艺人给高昂的“嫁妆”费用，但是却达到了比代言还要好的营销效果，这不禁让人想起了去年 NOKIA 李小龙纪念手机的娱乐营销事件，当时 NOKIA 只是投入了一点点形象授权费用，却得到了大牌明星娱乐代言的效果。NOKIA 这一次又做了一笔投入产出比超高的买卖，既利用了刘谦的人气、但节省了投入，的确不失为一个成功、有效、性价比很高娱乐营销的典范。

21 世纪的娱乐营销将是“玩”出来的

虽然近些年娱乐营销成为众多品牌借力突围的有效武器之一，为品牌带来了新的活力。但是大多数品牌的娱乐营销还是只做表面功夫，要么只见娱乐不见品牌、要么娱乐和品牌错位混淆、要么娱乐效果大打折扣……但 NOKIA 却总能另辟蹊径寻找到新的突围，始终走在娱乐营销的前沿，从经典的“音悦让我说”的品牌概念、到独创性的跨年演唱会、到前不久开创性的“玩乐派对”网络全互动演唱会，到这次与刘谦合作的创意营销，每一次都让人眼前一亮，每一次都达到了四两拨千斤的营销效果，在目标消费群心目中树立了时尚、创新、颠覆不灭的品牌形象，NOKIA 将娱乐营销玩到炉火纯青的境界，令其他品牌望尘莫及，“这是为什么呢?”

刘谦与 NOKIA 的联姻介质——广告拍摄与制作

一个历史阶段，消费者的需求都发生巨大的变化，随着体验经济时代的来临，消费者从传统注重产品的实用和价格，到从情景和情感出发，更加注重品牌的感官体验和心理认同。因此，让消费者充分参与、体验的娱乐营销正在为企业的品牌创造新的平台和力量，一句话：全民娱乐时代已经到来——21 世纪的娱乐营销将是“玩”出来的，NOKIA 正是抓住这一娱乐营销的精髓，它知道年轻群体是自己的主要战场，这群人有强烈的好奇心、喜欢不断尝试喜欢新鲜事物，喜欢互动体验，因此在迎合消费者与娱乐结合方面，诺基亚首先想到的是“玩”这个概念，用创意“玩”(新颖的想法)、让明星“玩”(明星置入到营销之中)、带消费者“玩”(全方位互动)……所有这些都影射了诺基亚手机主打的——音乐、GPS 导航、N-Gage 游戏以及移动上网等功能，归根到底就是“玩”。况且诺基亚不仅是玩，还争取玩得时尚、玩得有趣、玩的酷，让爱玩的年轻受众怎能不受感染，怎能不爱它呢？

ADVERTISING 品牌定位战略和转化率

20 世纪以来的广告，都围绕“占领消费者心智”这一核心发展，建立独有的积极的产品联想，以此与竞争对手的产品相区隔，吸引消费者购买。每个广告都会给消费者一个购买的说法，其主要手段可以简单概括为从产品功能到情感体验，即从产品很好到品牌和你很有感情。从实到虚，虚中带实，从现实到理想，阴柔并济，和消费者谈恋爱。清晰的品牌定位有助于提高活动策划的转化率。

从美国广告理论的发展轨迹来看，20 世纪美国广告理论的发展却经历了四次重大转型，造就了 20 世纪美国广告史上的“四大浪潮”：功能本位的广告浪潮、符号本位的广告浪潮、心智本位的广告浪潮和媒介本位的广告浪潮。每个阶段中，广告的发展情况都和市场竞争程度及媒介的发达程度紧密相关。市场竞争日益激烈，媒体形态日益多样，广告传播模式也随之发展变化。

- **以功能为本位的广告浪潮**

这个时期，广告关注生产者及其产品。这一浪潮时间跨度很大，主要的代表性理论是 20 年代约翰·肯尼迪提出的“广告是印在纸上的推销术”理论、霍普金斯提出的“预先占用权”理论，40 年代罗瑟·瑞夫斯提出的“USP 理论”，50 年代李奥·贝纳提出的“产品与生俱来的戏剧性”理论。直到今天，寻找产品特点仍是广告诉求的重要方面。例如，乐百氏纯净水的广告“27 层，层层净化”、“农夫山泉有点甜”。

20 年代，当时美国最大的广告公司——罗德暨托马斯广告公司的约翰·肯尼迪提出观点认为“广告是印在纸上的推销术”。约翰·肯尼迪认为，广告不应该再粗浅直接地“告白”，应该在技术上探讨广告的推销功能。广告不仅要说明“这里卖什么”，更要告诉消费者“为什么要买这里的东西”①。约翰·肯尼迪鼓励广告人寻找产品的“特点”，讲究广告制作投放的科学性。罗德暨托马斯广告公司的另一位广告大师霍普金斯在约翰·肯尼迪的基础上提出“预先占用权”理论。霍普金斯认为，“谁能找到该行业具有普遍意义的产品特征并首先使用它，谁就得到了‘预先占用权’”②。“喜力滋”啤酒的广告就是使用这一理论的成功案例，其广告说：“我们的啤酒瓶子是真正用蒸汽清洗过的。”其实别的啤酒也要如此，因为不用蒸汽清洗，残留在啤酒瓶中的细菌就会发酵，新啤酒就会变酸，无法饮用。这本是所有啤酒厂共同的行业行为，但普通消费者不知情。因此，霍普金斯在这一点上玩弄把戏，利用消费者的“信息闭塞”，把“公共属性”当成自家的“独门秘技”。这就是“预先占用”，一旦抢先说了，大家就会认为这是你独家的“产品特点”。可见，“预先占用权”视点下的产品特点是无中生有的广告卖点。

40 年代，美国达彼思广告公司的罗瑟·瑞夫斯提出著名的“USP 理论——独特的销售主题”，这才是真正寻找“产品特点”的广告理论。该理论认为好的广告应该有三个特点：“一，它必须向受众陈述一个产品的特点；二，这个特点必须是独特的；三，它必须能引起销售。”③“只溶在口，不溶在手”的 M&M 巧克力豆、“含有两万瓣滤凝气瓣”的“总督”牌香烟等都是利用 USP 理论制作出来的好广告。

• 以符号为本位的广告浪潮

20 世纪美国广告理论的第二次转型发生在 50 年代，标志是广告创意和策划浪潮的兴起。“创意时代”是广告史上的“战国”时代，群雄并起、乱世争锋。迄今为止，美国广告史上最震撼人心的广告创意和策划

---

①②③　刘悦坦：《广告“以人为本”——论 20 世纪西方广告理论发展的四次转型》，《广告大观》(理论版)2007 年第 2 期。

大都出自这个时期。美国广告界不仅出现大卫·奥格威、威廉·伯恩巴克和李奥·贝纳等“创意三大旗手”,还出现乔治·格里宾、乔治·路易斯等一大批策划奇才。他们留下“劳斯莱斯轿车”、“海塞威衬衫”、“大众金龟汽车”、“艾菲斯出租汽车”、“万宝路”、“箭牌衬衫”等一大批永垂不朽的经典广告。

这个时代的特点可以简单理解为“广告符号及其管理”,广告符号强调广告的视觉设计和创意,威廉·伯恩巴克立志要从艺术和情感的角度切入广告。这位“艺术派”的广告大师大张旗鼓地宣扬“我反对广告是一门科学的说法”,认为广告是建立在情感基础上的艺术。威廉·伯恩巴克提出著名的ROI理论,认为广告创意最重要的是“相关性”、“原创性”和“冲击力”。奥格威则系统提出广告符号管理,提出“品牌管家”概念。日本广告界提出的CI企业识别系统等都可以看作符号本位的代表。

作为“广告教皇”,大卫·奥格威拥有超前的广告思维。在创意时代他就提出品牌形象理论,认为任何广告都应该是对品牌建设的长期投资。其实,品牌形象建设的长期性,决定了以塑造品牌为目的的广告必然是“迟效性”的广告,在这个意义上说,大卫·奥格威把广告的核心功能定位为“传播”,广告的目的就是提醒、强化消费者对品牌的认知、感受和记忆,而不是取得“速效性”的销售。但另一方面,大卫·奥格威又宣称:“我们做广告的目的就是为了销售,否则就不做广告。”①从这个意义上讲,大卫·奥格威又把广告的核心功能定位在直接“营销”上。以大卫·奥格威为精神领袖的奥美公司巧妙调和了这一“矛盾”:“我们的广告会在短期内迅速提升您产品的销售量,并为您品牌形象的长期建设做出应有的贡献。”②

①② 刘悦坦:《广告“以人为本”——论20世纪西方广告理论发展的四次转型》,《广告大观》(理论版)2007年第2期。

- **以消费者心智为本位的广告浪潮**

直到 70 年代，广告才真正以消费者为主要关注对象，标志是“定位理论”的提出。1969 年，正当美国麦迪逊大道上的广告精英们还在为广告创意拼得死去活来的时候，两个名不见经传的年轻广告人艾·里斯和杰克·特劳特在《产业行销》杂志上发表名为“定位是人们在今日模仿主义市场所玩的竞赛”的文章，倡导“定位”概念。“定位”原作“Positioning”，翻译成“占位”似乎更符合原意。

无论产品“占位”还是广告“定位”，都强调信息的“窄”。里斯和特劳特认为，传播和建筑一样，越简洁越好。你必须把信息削尖了，好让它钻进人们的头脑。你必须消除歧义，简化信息，如果想延长它给人们留下的印象，还得简化。简化就是为了让品牌信息更方便地进入消费者大脑并占据一个位置。占据什么位置呢？就是争当“第一”。

各种媒介形态和广告出现，消费者的广告环境复杂化，信息充斥消费者大脑，消费者亟须精准选择信息，谷歌适时出现。因此，定位理论实际是回归用户心理洞察，立足于人脑的信息选择和决策判断的方便，建立类别，从而占据这一类别的第一的位置，吸引用户购买。

在竞争激烈的市场中，为了脱颖而出，企业应试图占据用户的注意和记忆（用户的记忆空间有限，选择的范围更有限），“教育用户”，将市场进行“格式化”。例如，买保险就是买平安；格力空调销量全国第一；百度更懂得中文；七喜非可乐，这些说法就是将用户关于该方面的知识空间格式化，然后占取第一的位置。更有甚至，AVIS 租车公司说自己“因为第二，所以更加努力”；金龙鱼鼓吹“1 比 1 比 1 二代调和油”，通过营造概念，将消费者心智进行格式化，从而占据自己的定位。

通常，在一个市场中，消费者的购买决策可以简化为以下的模型，首先消费者会根据自己的收入水平（购买能力），决定要考虑的产品档次。其次，消费者根据自己的具体需求和风格喜好，决定购买什么品牌和产品。

表 4-1 消费者的购买决策模型简表

	功能和风格 1	功能和风格 2	功能和风格 3
高价格			
中价格			
低价格			

做广告最重要的，是从消费者的认知和印象模式出发，寻找到消费者最容易接受和识别的沟通方式。用户日常接受的各种信息是混乱的，固然大脑会进行自我的加工和分类，在这个过程中，企业积极地通过符号宣传和沟通交流，加深消费者的印象，帮助大脑进行信息的分类处理，就能占据比较有利的认知位置。这种长期的灌输方向和策略，就构成企业品牌传播的战略。

- **以媒介为本位的广告浪潮**

20 世纪美国广告理论的第四次浪潮是整合营销传播理论的兴起。整合营销传播英文写作“Integrated Marketing Communications”(IMC)。IMC 的核心思想是将与企业进行市场营销有关的一切传播活动一元化。IMC 一方面把广告、促销、公关、直销、CI、包装、新闻媒体等一切传播活动纳入营销活动范围；另一方面帮助企业将统一的传播资讯传达给消费者。例如，奥美提出的“360°品牌管家”概念。

整合营销概念不仅整合各种传播媒介，还在目标受众的基础上提出“利益关系人”概念。强调通过售后服务及消费者的社交圈进行传播，维系和扩大厂商与消费者的关系，舒尔兹把这叫做“关系营销”(Relationship Marketing)。这个概念不仅包括消费者，还包括员工、竞争对手在内的所有可能与企业的市场营销有利益关系的有关人员。随着现代企业的发展，全球化和资本化的加快，企业的传播对象涉及各种利益人群，他们都对企业的经营造成直接或间接的影响。

在整合营销传播时代，单纯的广告在市场营销中的作用减小，公关所起的作用越来越大，以至于定位理论的提出者艾·里斯认为"公关第一，广告第二"。艾·里斯立论的基础在于：随着消费者消费心理的成熟，大家已经越来越不相信广告，因而广告无法再担负"塑造品牌"的重任，这一任务只能由公关来完成。其实，在市场营销的汹涌大潮中，单就广告而言，这"一根筷子"很容易"轻轻被折断"，广告必须和公共关系、销售渠道、终端促销等众多因素绑在一起，才能"众人划桨开动大帆船"，这就是永远的"整合营销传播"。

以媒介为本位的整合营销传播，对当代的传播的影响最直接。随着互联网、手机、户外液晶屏等各种新兴媒介形态的出现，跨界的整合传播成为企业日益重视的崭新课题。

世界上最好的工作：大堡礁全球推广的绝妙策划①

现代整合营销传播的新趋势是，广告公关化，公关广告化。品牌信息，不仅可以通过广告，亦可以通过话题的传播和炒作，来达到扩大影响面的目的。如果说，广告是企业自说自话，新闻是媒体帮企业说话，则社

① 佚名：《世界上最好的工作》，《三联生活周刊》2009 年第 5 期。

区口碑是消费者帮企业说话。可见，广告只是企业在互联网时代的三种传播方式之一，积极制造话题，利用媒体报道或转载，利用社区的口碑传播，是提高广告效率的重要方法和途径。

历经数月层层选拔，澳大利亚昆士兰旅游局在2009年6月5日公布了大堡礁护岛人的最终人选。来自英国的慈善基金募集人本·索萨尔击败3.5万名竞争者，获得了这一“世界上最好的工作”。他将于7月1日起在澳大利亚大堡礁，担任哈密尔顿岛看护员，还将获得半年15万澳元(约65万元人民币)的薪水。

这是一个经过精心策划的网络整合营销，昆士兰旅游局的黛丝丽表示，全世界对此次耗资170万澳元的活动反响热烈，其所带来的公关价值已有7000多万美元。她在一份声明中说：“这次活动很大程度上依靠的是公共关系和社交网络活动。”

澳大利亚大堡礁尽管久负盛名，但因为随着海洋升温以及游客增多，一度大堡礁的珊瑚虫濒临灭绝，经过一段时间的休养生息，大堡礁生态环境得到了恢复，知名度却已大不如从前。哈密尔顿岛素有澳大利亚“大堡礁之星”的美誉，岛上终年气候舒适宜人，活动多姿多彩，但由于当地旅游受金融危机冲击，旅客量大减。于是，昆士兰旅游局通过这样一个精心策划的活动来推广其旅游产业。2009年1月9日澳大利亚昆士兰旅游局网站面向全球发布招聘通告，并为此专门搭建了一个名为“世上最好的工作”的招聘网站，招聘大堡礁看护员。网站提供了多个国家语言版本，短短几天时间网站吸引了超过30万人访问，导致网站瘫痪，官方不得不临时增加数十台服务器。

“世界上最好的工作”共吸引来自全球200个国家和地区的近3.5万人竞聘，包括11565名美国人、2791名加拿大人、2262名英国人和2064名澳大利亚人，来自中国的申请者就有503位。这样一次招聘活动吸引了全球的目光，据昆士兰旅游局称，整个活动公关价值已经超过7000万美元。从公关的角度，我们看看这份“世界上最好的工作”大堡礁岛屿看护员到底是做什么工作的？

探索和汇报：看护员工作时间比较有弹性，其主要职责是探索大堡礁的群岛，以更加深入地了解大堡礁。他/她须通过每周的博客、相簿日记、上传视频及接受媒体的跟踪访问等方式，向昆士兰旅游局（以及全世界）报告其探奇历程。

喂鱼：大堡礁水域有超过 1500 种鱼类。试想像各式各样珍贵鱼类蜂拥而上的场景会是多么震撼！清洗泳池：泳池虽然装有自动过滤器，但如你发现水面上有一片飘落的树叶，那下水清洗泳池绝对是畅泳的好借口！

兼职信差：探险旅程期间，你可参与航空邮递服务，这将是在高空俯览大堡礁美景的绝佳机会。

看护员将获得什么报酬？成功的申请者于六个月合同期内可获取＄150,000 澳元的薪金。此外，往返经济舱机票（距申请人所在国首都最近的机场）、住宿、在哈密尔顿岛上的交通费、合同期内的旅游保险、电脑、上网服务、具录影功能的数码相机、往来大堡礁岛屿间的交通均全部由昆士兰旅游局提供。

这个工作，与其说是看护员，其实不如说是大堡礁的体验者——这正是昆士兰旅游局推出此活动的目的，通过体验式营销的方式来向世界宣扬大堡礁的美妙之处，同时充分利用招聘过程的吸引力成功进行营销造势，吸引全世界旅游者的关注，向全球推广大堡礁的知名度与美誉度。

从营销的角度看，这次“世界上最好的工作”的营销推广成功之处在于四个方面：

概念造势极其成功。无论是营销还是传播，一个鲜明、有力、吸引人的概念的提出对于事件受关注度有着无比重要性。昆士兰旅游局成功将事件推广的主体——大堡礁，延伸到大堡礁看护员身上，再将看护员工作塑造成“世界上最好的工作”这一概念，这一概念在吸引受众眼球方面是无与伦比的——这正是归纲式营销造势的成功所在。

相比于一个普通旅游景点的描述，用归纲式的概念来包装将使其传播力完全不同：当一个旅游景点冠上“世界不得不去的十大旅游景点”、“全球十大最好的旅游点”、“世界最令人向往的海滩”等称号，其所获得眼球关注度将大大提升，而大堡礁的推广者正是深谙其中精妙之道。

逆势策划吸引眼球。在金融风暴席卷全球、大量工厂裁员、工人失业，人心惶惶的时刻，谁能够拥有一份稳定、高薪的工作，真的是令人很向往的事情，澳大利亚昆士兰旅游局恰当其时推出以惬意的工作环境和工作内容，以每小时1400美元的超高待遇在全球招聘所谓的“岛屿看护员”——工作之轻松、生活之惬意以及待遇之丰厚一下子吸引了全球无数人的眼球，媒体更是为之疯狂激动，不惜用大量的版面进行免费的报道。

网络营销造势凌厉。“世界上最好的工作”所有关键环节都在网上展开，昆士兰旅游局从一开始就建立了活动网站。旅游局在全球各个办公室的员工则纷纷登录各自国家的论坛、社区发帖，让消息在网友中病毒式扩散。

此次活动的参赛规则是全世界任何人都可通过官方网站报名，申请者必须制作一个英文求职视频，介绍自己为何是该职位的最佳人选，内容不可多于60秒，并将视频和一份需简单填写的申请表上传至活动官方网站。这种几乎没有门槛，但又自娱自乐的方式吸引了许多人参与，很多人即使没有希望获得这份工作，也录制一段视频来参加一下或娱乐一下。

活动官方网站的合作伙伴是Youtube，借助Youtube在全球的巨大影响，活动本身又得到了进一步的口碑和病毒传播。互动式营销使活动高潮迭起。在这个活动中，主办方充分利用了web2.0的特性，利用网络的交互性，使活动的影响力不断延伸。

为了进行充分网络造势，主办方设计了经网络投票决出“外卡选手”环节，入选50强的选手会不断拉票，而关注活动的人会为心仪选手投票，还有人会持续关注包括投票在内的活动进展——主办方在投票过程上也进行了精心设置，投票者要先输入邮箱地址，然后查收一封来自“昆士兰旅游局”的确认件，确认后再行使投票权。

在通过确认的这个过程中，参与投票的网民都会好好浏览一下这个做得很漂亮，实质上是旅游网站的招聘网站，大堡礁的旖旎风光、万种风情马上就开始让人心往神移。更重要的是，投票者的邮箱未来都会定期不定期地收到来自大堡礁的问候。

在一个全新的营销环境之中，营销制胜的关键就在于以通过内容创新、沟通方式的创新、品牌体验的创新有效吸引消费者，去征服消费者，让消费者主动投入时间与品牌进行互动联系，让他（她）在获得良好品牌体验的同时，最终潜移默化地将品牌或产品的价值点植入他的心中。这正是“世界上最好的工作”营销事件成功推广给我们的启示。

ADVERTISING 网络活动策划的流程和十大标准

我们站在消费者心智和品牌定位的角度，分析了网络广告的常见形式和策划的方法。下面，我们结合用户体验和用户行为分析，分析具体的广告活动策划流程，看看成功的网络活动策划的标准为何。

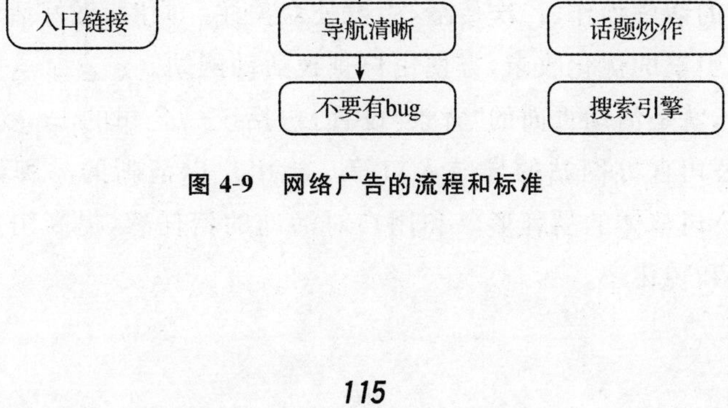

图4-9　网络广告的流程和标准

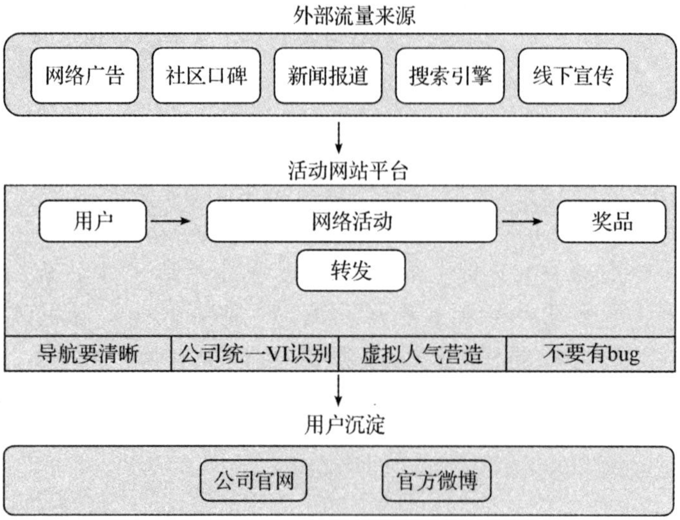

图 4-10　网络广告的用户路径

主题和利益点，是网络广告策划的核心，广告标题只有清晰地告诉用户，活动内容是什么，用户参与有什么好处（或者有什么吸引人的地方），才能引发用户的关注。用户关注广告，点击访问网站后，活动的参与门槛要低，活动环节过于复杂，用户会望而生畏，导致用户中途流失。在网页设计上，活动流程的导航要很清晰，页面不能有 bug，否则用户会产生不必要的困扰和流失。

活动要营造虚拟人气，激发每个参与用户的热情，常见方法是在醒目位置呈现已经参与活动的人数或者头像。活动激励机制上，设置转发环节（转发即可参与积分抽奖），鼓励用户转发。此外，就是社区论坛和公关报道的话题炒作、二次传播，引发公众关注。同时，做好活动主题关键词搜索引擎的优化收录，方便用户查找活动网站。

最后，就是活动页面的"背景"设置，包括统一公司的 Logo 和 VI 识别系统，公司官方网站的导航入口等。给用户以清晰的品牌识别和认知，提高公司整体的品牌形象和用户对活动的信任感，提高用户参与活动的热情和转化率。

ADVERTISING

网络广告策划案例分析

- 美汁源网络广告案例

图 4-11　“美之源”网络广告登录页

美汁源“趣喝美汁源，一笑赢千金”是一则优秀的网络广告，我们结合其网络广告策划实际操作，看看需要关注的地方。

(1)标题直观，行动点和利益点清晰。史上个人认为最有名且最有效的广告语，是毛泽东在土地革命时期的口号“打土豪，分田地”，这个口号很直接有力，包括两个核心信息：

做什么？打土豪！

有什么好处？分田地！

“行动点＋利益点”，这样的广告口号是最里有力度的。诸如：

趣喝美汁源，一笑赢千金。

清晰直观的标题，最有吸引力和转化率。通常，和传统广告比起来，网络banner广告展示空间有限。广告标题只有醒目清晰直观，用户才能明白广告的意图，进而点击广告。

图 4-12 “美之源”网络广告画面

第一帧：丰富果粒，够乐趣

第二帧：趣喝美汁源，一笑赢千金

第三帧：一千克黄金巨奖，千元快乐之旅。快来参加。

该广告主题比较直观，行动点“趣喝美汁源”，利益点“一笑赢千金”比较清晰。但在广告第三帧，如果将“一千克黄金”用图形符号直观体现出来，用户的视觉感官会更加强烈，点击转化率也会得到提高。

(2)活动内容活泼有趣，门槛要低。活泼有趣的活动，容易吸引用户关注和参与。同时，参与活动的门槛要尽量降低。活动的策划人员应该知道，用户都是有惰性的，浏览行为高于参与行为，即“鼠标易于键盘”。鼠标易于键盘，鼠标代表浏览行为，拖动鼠标才可以浏览页面；键盘代表互动行为，敲击键盘才能输入信息。这两个简单的用户行为背后，却有很大的门槛差异。

如前文所述，转化率是评估广告效果的关键。影响转化率的两个重要因素是吸引力和门槛。

转化率的高低＝广告吸引力－用户参与门槛

在广告吸引力方面，生动活泼有趣的活动主题、奖品的激励等都可以增加用户的参与热情；在参与门槛方面，尽可能减少用户思考的时间。

美汁源的活动细则是：“从 2010 年 4 月 1 日起，登陆土豆网参加‘趣喝美汁源　一笑博千金’大型娱乐真人秀选拔大赛，挖掘潜藏身边的小快乐，将与众不同的‘橙色幽默’无限扩散，通过地面赛区选拔胜出的‘乐子达人’将获得一公斤黄金的巨额大奖，无论你是说笑，还是扮鬼脸，是模仿秀，还是玩逗唱，只要能引爆笑声，就是我们在搜寻的乐子达人。即时不参与比赛，只要时刻关注活动，同样有机会赢得‘美汁源欢乐之旅’！活动时间　2010 年 4 月 1 日—2010 年 6 月 6 日。”

活动的介绍有些冗长和不直接，用户会疑惑，究竟我要如何参与？实际上，网上的活动就是“网友上传搞笑视频，用户投票。同时线下可以参与上海、北京、沈阳、深圳四地的比赛活动”。网友喜欢直观的活动介绍，冗长的活动介绍会提高用户参与的门槛，降低活动的参与率。所以，活动介绍最好是先简明地介绍用户该如何线上参与，详细的说明应该放

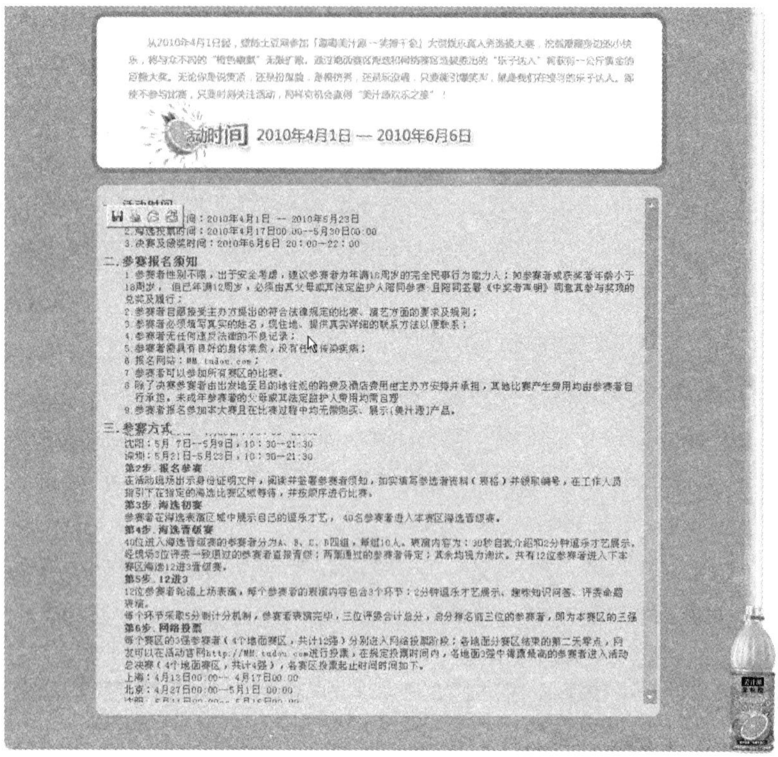

图 4-13 “美之源”网络广告活动介绍页

在后面。

(3)导航和流程要清晰,适用傻瓜化操作。导航和流程用以帮助用户了解和参与活动,网页栏目的指引,用户参与步骤的指引要清晰直观,尽量让用户不需要思考就能够按照常规的网页使用习惯找到需要的内容。此外,激发用户行动的关键“按钮”要清晰醒目,引导用户进行关键的行动。导航条要注意加上公司网站的链接,方便用户深度访问和了解公司和产品,甚至引导并诱发直接购买产品。

我们来看看美汁源的活动导航:

网站首页 KV 下方直观出现导航条,方便用户查询活动的相关信

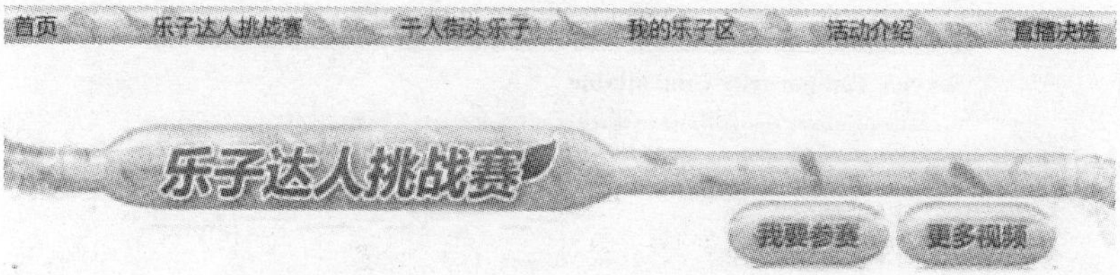

图 4-14　“美之源”的活动导航

息。此外,整个页面用橙色的线条勾勒,“我要参赛”等关键行动按钮也比较清晰,各个版块结构比较紧凑,用户参与活动很方便。

(4)注意细节,不要有 bug 错误问题。俗话说,字如其人。同样,网页就是公司的面子。因此,网页上的任何疏漏都会影响公司在用户心目中的形象。常见的网页 bug 问题有:

★网页打开速度很慢;

★未兼顾不同版本的浏览器;

★参与活动的过程不清晰;

★无法正常注册或提交作品;

★注册或提交后无成功与否的提示响应;

★二次访问无法查询自己的作品或积分;

★活动的开奖和名单未及时公布;

★无返回首页的链接;

★图片不清晰;

★有错别字。

网络活动上线前,要仔细排查这些问题,同时请外部用户进行测试,看是否有问题。通常,这样的排查会发现不少问题。

由于未兼顾低版本的浏览器,因此二级页面打开后就出现部分内容无法显示的问题。此外,诸如视频的默认打开窗口黑屏等问题,都会直接影响用户的体验。

(5)主动营造虚拟人气,吸引用户参与。人属于群居动物,人性天生喜欢热闹。营造虚拟人气,制造气场,是广告吸引用户关注的重要方法。传统电视活动,通常都有主持人,邀请几个嘉宾,然后现场观众满堂,典

图 4-15 问题页面示例

型的如湖南卫视的《快乐大本营》、《天天向上》。主持人、嘉宾、现场热心观众等，都努力烘托气氛，制造内容，吸引观众的注意。

网络广告同样需要营造这样的虚拟人气，常见方式有：

★活动的大标题旁边，有活跃的头像；

★网页设计的风格活泼而热烈；

★活动参与人数的显示，烘托人气；

★页面上展示用户参与的图文；

★其他可以烘托和渲染气氛的元素。

网站首页用了明星的头像、真人展示等，体现人气；此外，首页展现各地网友上传的视频，活动显得人气很旺，向其他用户展示内容。网页设计风格活泼生动，用醒目的橙色激发用户参与的热情。此外，还有视频和人气排行榜等元素。总体而言，网站首页比较饱满，有看点，引人关注。

(6)鼓励转发。鼓励转发，能够形成用户和朋友之间的分享，吸引更

图 4-16　照片烘托人气

图 4-17　真人展示烘托人气

多用户参与活动，充分发挥互联网传播病毒的特点。转发机制可以这么设置，用户注册后点击转发按钮，系统自动生成带识别的地址，用户将该地址转发给朋友，朋友点击该地址成功参与活动后，该用户就获得积分抽奖机会，成功转发越多，参与抽奖的机会也越多。此外，网站上也可以设置诸如“复制”网址的标准按钮，分享到新浪微博、人人网、开心网等社交分享的按钮。该网站虽然有用户参与投票环节，但没有转发环节。

(7)话题炒作。社区论坛或公关新闻报道的话题炒作，能吸引更多的公众关注和参与，形成二次传播和话题讨论，提高活动的知名度和影响力，提高品牌的号召力。活动和线下活动推广相互配合，也能显著提高活动的影响力。此外，活动网站最好单独设置短地址，在传播中植入活动地址，利于用户直接访问网站。从百度搜索情况看，社区论坛上有较多的用户讨论。

(8)搜索引擎收录。用户看到社区论坛或媒体网站的活动消息后，

图 4-18 百度搜索结果页

通常会通过链接或者搜索引擎访问网站，搜索引擎可成为网络活动二次传播的重要入口，值得重视。

百度美汁源的前几条结果中，有两条是网络活动的信息，一条是“亮出果粒好享法，美汁源捧你上头条”，另外一条是“美汁源果粒奶优，混搭我的优质生活——QQ 秀出个性真我”活动。如果美汁源有自己的官网，在每次活动中就可以在活动网页上链接网站，形成整体的品牌归属地。

(9)兼顾公司 VI，形成整体公司印象。奥格威说，每个广告都是对公司品牌长期的投资。因此，独特的品牌标识应出现在公司的每个与消费者接触的场合。统一持久的品牌战略，才能形成品牌的忠诚度。随着媒介形态的多样化，整合营销传播的重要性日益显现。可以说，企业 CI 识别系统，必须贯穿企业传播的每个环节和媒介形态中(当然，公司的整体品牌战略和 CI 战略，必须先行于具体的广告项目)。美汁源的活动网站在视觉识别上和品牌 VI 统一，鲜明的橙色容易激发用户对品牌的积极的联想。

图 4-19　“美汁源”“亮出果粒好享法，美汁源捧你上头条”活动

(10)公司官方网站入口。活动网站上设置公司官方网站的套头套尾(入口),有利于用户访问公司网站,增加公司整体形象的识别,促使用户深入了解公司和产品信息。该活动网站的导航在醒目位置,没有公司网站的链接,是个很大的失误。应利用这次活动的影响力和关注度,引导用户深入了解公司,甚至直接在网络上预定购买,能够更好地发挥本次活动的价值。

通过以上分析,我们对美汁源的网络活动各个环节的评分如下:

表 4-1　评估指标

	评估指标	得分
1	标题直观,行动点和利益点清晰	★★★★
2	活动内容活泼有趣,门槛要低	★★★
3	导航和流程要清晰,傻瓜化操作	★★★★
4	注意细节,不要有 bug 错误问题	★★★
5	主动营造虚拟人气	★★★★
6	鼓励转发	★★★
7	话题炒作,短地址设置	★★★
8	搜索引擎收录	★★★
9	公司 VI 视觉形象识别	★★★★
10	公司官方网站的入口	★★
总体得分		★★★★

- **中行电子银行知识大挑战**[①]

中国银行电子银行知识大挑战活动,是比较经典的"知识问答"类网络活动,有效结合了大转盘游戏、知识问答、转发获积分、注册手机号送手机充值卡等活动元素,活动形式生动,激励机制完善。我们先了解一下活动,再分析用户流程的细节。

① 活动地址,http://client.sina.com.cn/201009boc/index.php。

图 4-20　中行电子银行大挑战活动

活动介绍

中国银行电子银行知识大挑战 9 月 25 日正式打响，每个人都有机会成为主角！你能成为不败达人吗？你能拿走 9 万奖品吗？只要学习并回答有关中国银行电子银行“交易安全”、“功能齐全”、“操作便捷”、“服务优惠”、“市场活动”五个类别的知识问题，答对或分享微博都有机会赢取奖品！我们期待你来挑战！

活动名称

中国银行电子银行知识大挑战

活动时间

9 月 25 日—11 月 11 日

活动流程

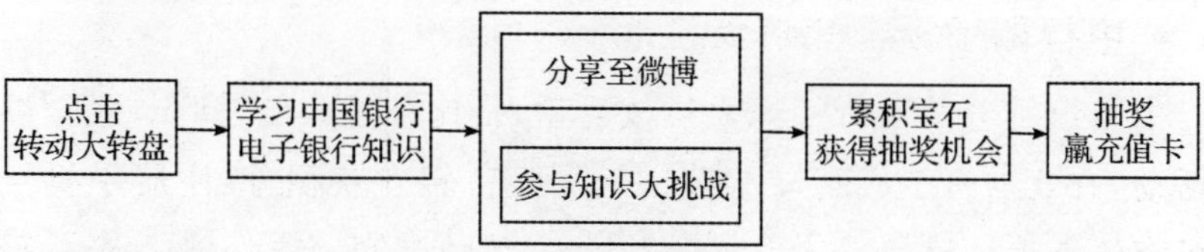

抽奖方法

- 一等奖：必须使用 5 种不同的宝石，才有机会抽取一等奖。
- 二等奖：必须使用 3 种不同的宝石，才有机会抽取二等奖。

·三等奖：只要使用1种宝石，就有机会抽取三等奖。

活动奖品

·电脑页面：每天1张100元充值卡（一等奖）、3张50元充值卡（二等奖）、45张20元充值卡（三等奖）

·手机页面：每天25张20元充值卡[参与详情]

备注

·本活动每个注册账户只能中奖一次，特此说明！

·本活动奖品充值卡均为移动充值卡，奖品将会在活动结束后统一通过短信方式将充值卡密码发送到您的手机！联通和电信号码网友也可以参与！

·本活动奖品发放完全依照网友填写手机号和姓名，信息只能填写一次，如由于网友填写信息不完善或不准确，奖品将无法正常发送！

(1)活动主题和利益点清晰。有奖知识问答，是较常见的活动形式，用户容易接受，奖品也很丰厚，每天2000元充值卡、9万大奖等你拿，比较吸引人。

(2)参与门槛低。用户只要转动转盘，5个分类分别对应中行网银的一个产品介绍，看了介绍后用户只需用鼠标点击两个选择题的答案，选择正确即可获得一个宝石。用宝石可以参与不同形式的抽奖。

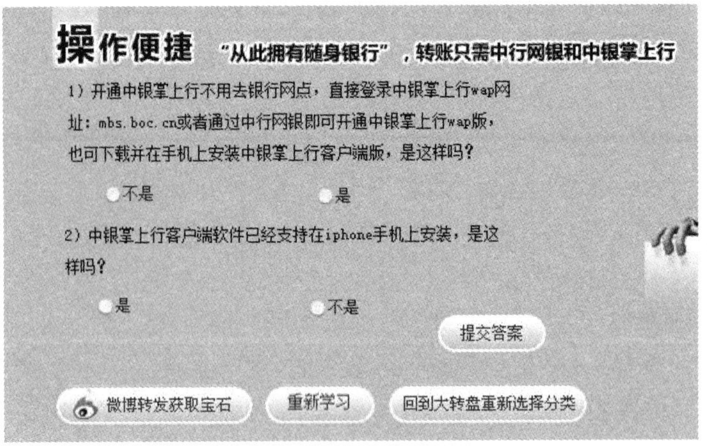

图4-21 低门槛的参与方式

(3)导航清晰。该活动值得称道的地方之一，就是在首页上醒目地标示出活动流程，用户可以清晰直观地了解活动的参与办法。此外，活动的导航栏上，“活动介绍”、“个人中心”、“中行团购”、“关注微博”、“活动 wap 站”和“关于中行”等，导航很清晰，方便用户了解活动的相关内容。

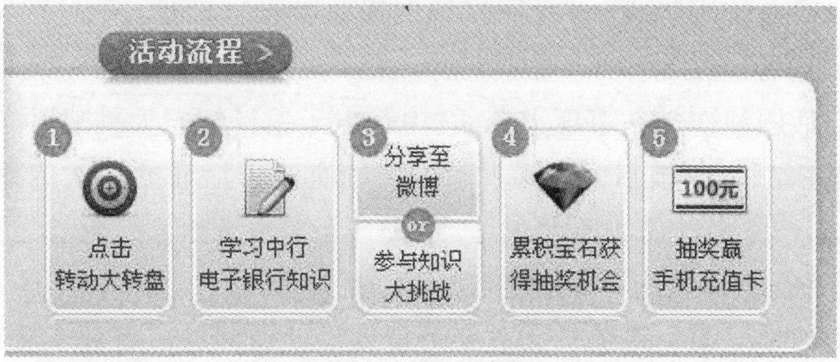

图 4-22　清晰的导航方式

(4)没有 bug。活动网页的设计很流畅，基本上没有 bug 影响用户体验。

(5)营造虚拟人气。在活动的大转盘上，显示参与活动的用户的数量，烘托人气，营造活动火爆的氛围，吸引更多新用户参与。

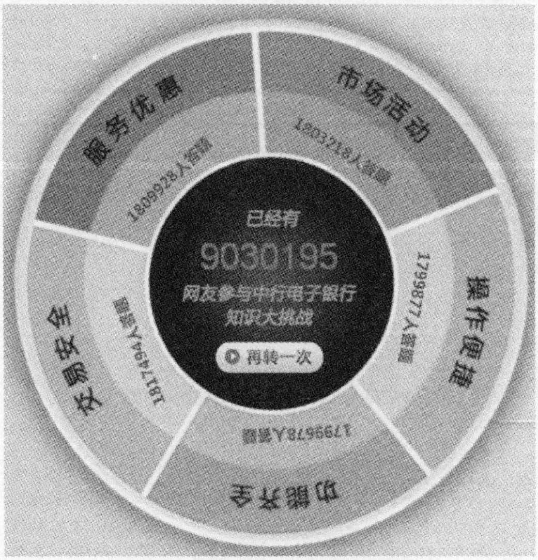

图 4-23　营造活动火爆的氛围

(6)鼓励转发。由于活动平台在微博上，因此微博用户通过新浪微博转发也能获得宝石。通过病毒传播，让更多用户知晓活动并参与。转发消息的内容如下：“中国银行电子银行知识大挑战，答题就有抽奖！每天 2000 元、79 张充值卡！你能成为不败达人吗？期待你来挑战！‘随时随地，放心使用’只因中行网银和中银掌上行！地址：http://sinaurl.cn/h4L8gV。”

(7)话题炒作。在百度上搜索“中行电子银行知识大挑战”词条得到 1800 多条结果，新浪新闻报道和社区讨论有利于活动的二次传播，获得最大的影响效果。美中不足的是，活动未设置短地址，传播时无法有效植入活动地址，不利于用户直接访问网站。

(8)搜索引擎。可以较为方便地搜到活动的网址。有利于看到新闻或论坛消息其他用户的参与。

图 4-24　搜索引擎结果页

(9)公司 VI 视觉识别。从整体的页面设计 VI 看，与中国银行的官方网站保持色调和风格的一致。公司的 Logo 也醒目清晰，整体识别性强。

(10)公司官网的入口。在活动的导航条上，清晰地列出“关于中行”链接到中国银行的官方网站上，方便用户更深入地访问了解中国银行。

此外，该活动值得称道的地方还有，当用户参与抽奖环节后，系统弹出提示用户输入姓名和手机号码，所中奖通过手机号码直接充值。这样就巧妙地获取了用户的手机号码，为深度营销打下基础。此外，该活动还积极利用手机平台，用户可以通过手机参与活动。活动的美中不足之处在于，中国银行未开通新浪官方微博，无法将活动的参与用户积聚到自己的官方微博上，失去微博社群营销的好机会。

- **白加黑——带您亲眼见证病毒的巨大威力**

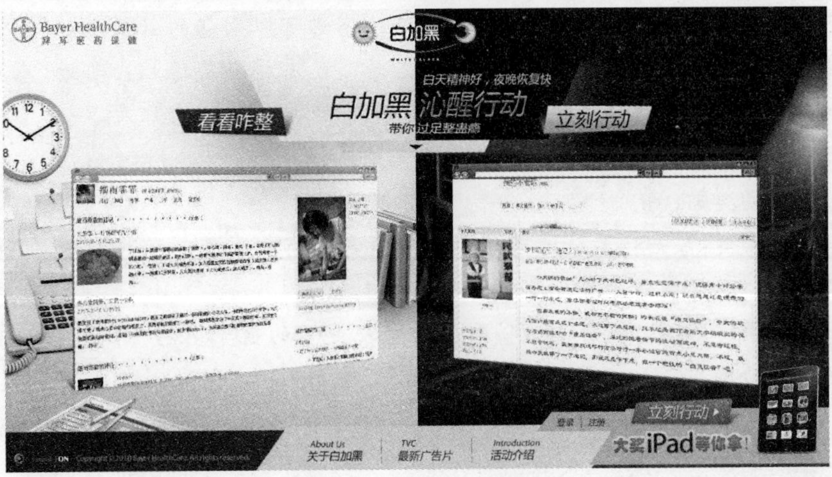

图 4-25　“白加黑”广告页面

拜耳医药保健——“白加黑”感冒药拥有创新的产品定位：白天服白片，不瞌睡；晚上服黑片，睡得香。为了帮助用户体验产品的治疗效果，推出“带您亲眼见证病毒的巨大威力，让我们开始传染吧！”的网络病毒传播广告运动。

该案例是病毒传播类的经典案例，通过有趣的DIY体验小游戏和鼓励发送朋友分享获得奖品。该广告制作很精美，奖品也很诱人(两台IPAD)，活动也挺有趣(DIY病毒作品，体现产品功能)。但有两个明显的bug:(1)未提示获奖公布日期;(2)激励机制设置有问题，邀请好友最多的前十名可获赠奖品，却未显示已经有多少人参与和排名。

网络活动的激励机制忌讳搞排名，因为后来的参与者看到前面的排名就会失去参与动力，排名很容易有作弊冲量，容易遭遇投诉，麻烦多多。正确的做法是抽奖，转发越多抽奖机会越多，只有抽奖可以避免这种尴尬出现。这些都是网络活动策划中的常见问题。

活动介绍

感冒传染有多可怕？让我们扮作细菌，进行一次虚拟传染，提醒您的好友随时都要多多注意身体，保持健康。参与“白加黑沁醒行动”，通过转发“传染病菌”，感染您的好友的网络页面，体验拟真的“网络传染”过程。无论是白天或是夜晚，作为“感冒病菌”的您都可以向您的好友发起“感冒攻势”，而只要参与不同时段的“传染活动”，就有机会获得相应奖励(感冒也光荣？NO，善意的提醒才值得表扬嘛)。让我们扮一次坏人，一起来使坏吧！不过，真的感冒了，记得用白加黑哦！

活动奖励

一等奖:每一位参与活动并注册的用户都有机会获得随机抽取的“沁醒大奖”，赢得最新最in的iPad(共两名)！

二等奖:传播“病毒”最广，即邀请好友最多的前十名均可以获得时尚健身运动奖品(共10名)。

(1)活动主题和利益点不够清晰。“小小感冒病毒也有巨大威力，‘白加黑’带你亲眼见证。同时让您足整蛊瘾，一起来传染吧！”遗憾的是，虽然活动的意图很清晰，但网站首页并未鲜明地将标题和利益点标明出来，用户理解起来很吃力。

(2)参与门槛低。用户只要输入网站地址，就可以体验该网址被病毒感染后的情景。用户将生成的加有跟踪代码的网址发给朋友，接收者注册就有机会赢得奖品。但活动并未清晰介绍如何判断邀请好友的数量。

(3)导航不够清晰。该活动的导航很失败,首页醒目位置并未清晰介绍活动的流程,而是在"立即行动"的二级页面里标明活动流程。这就有可能造成用户在首页的流失,或者用户在首页的盲目点击,伤害用户体验。

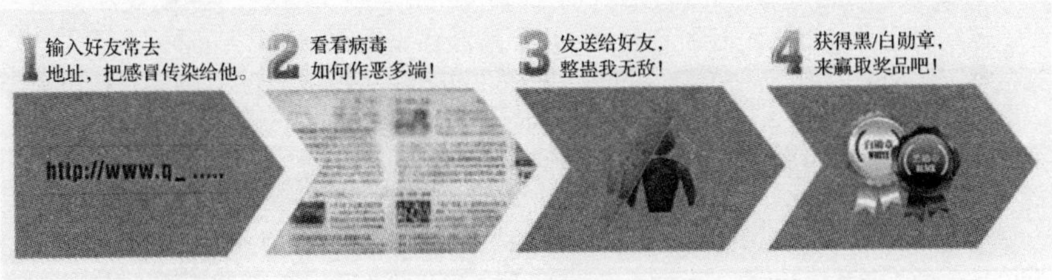

图 4-26　活动导航

(4)活动 bug。活动并没有明显的 bug,但由于导航不清晰,因此用户在点击流程上会比较盲目,造成用户体验上的伤害。

(5)未有效营造虚拟人气。如此病毒传播活动,但网站上却未体现多少人参与,甚至连获奖名单公布的栏目都忘记设置,未能有效烘托出活动的氛围,吸引更多的关注和参与。

(6)未能有效鼓励转发。如前所说,该活动的转发环节和激励环节比较粗糙。正确的机制应该是,成功转发给朋友(朋友成功参与并注册)后,就有机会抽奖。可以参考中国银行的活动案例设置鼓励机制。

(7)话题炒作。从百度"'白加黑'让我们开始传染吧"的搜索结果看,新闻和社区的炒作话题都很少。未能有效扩大活动的影响力。

(8)搜索引擎。未能直接有效搜索到活动的网站地址。

(9)公司 VI 视觉识别。活动网站的 VI 风格基本体现"白加黑"的功能性特点——白色和黑色分明。

(10)公司官网的入口。在活动的导航条上,有"关于白加黑"和"最新广告片"的入口,但没有公司官网的入口。

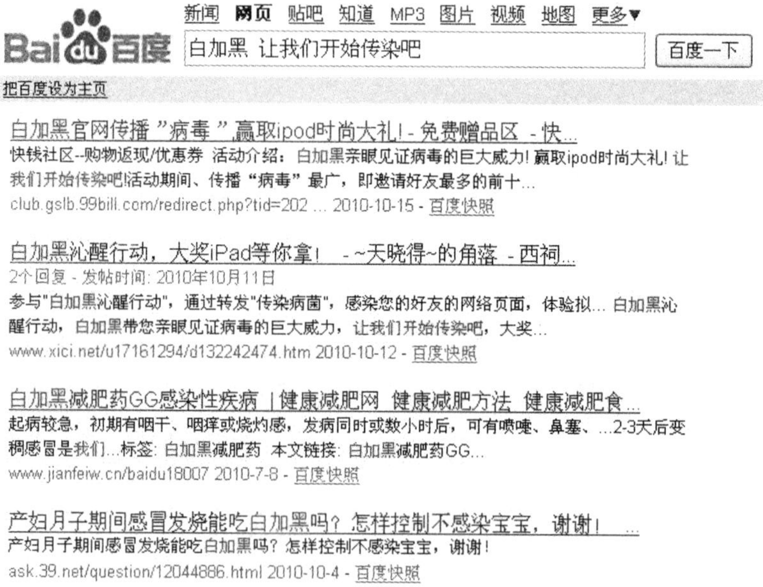

图 4-27 百度搜索结果页

本次活动在腾讯 QQ 客户端上也投放了广告，创意很有趣生动，但上述问题可能导致用户流失，无法有效转发激励。这是典型的虎头蛇尾的广告。

图 4-28 白加黑广告图片

- **VIVID CAKE:分享美味、分享爱**①

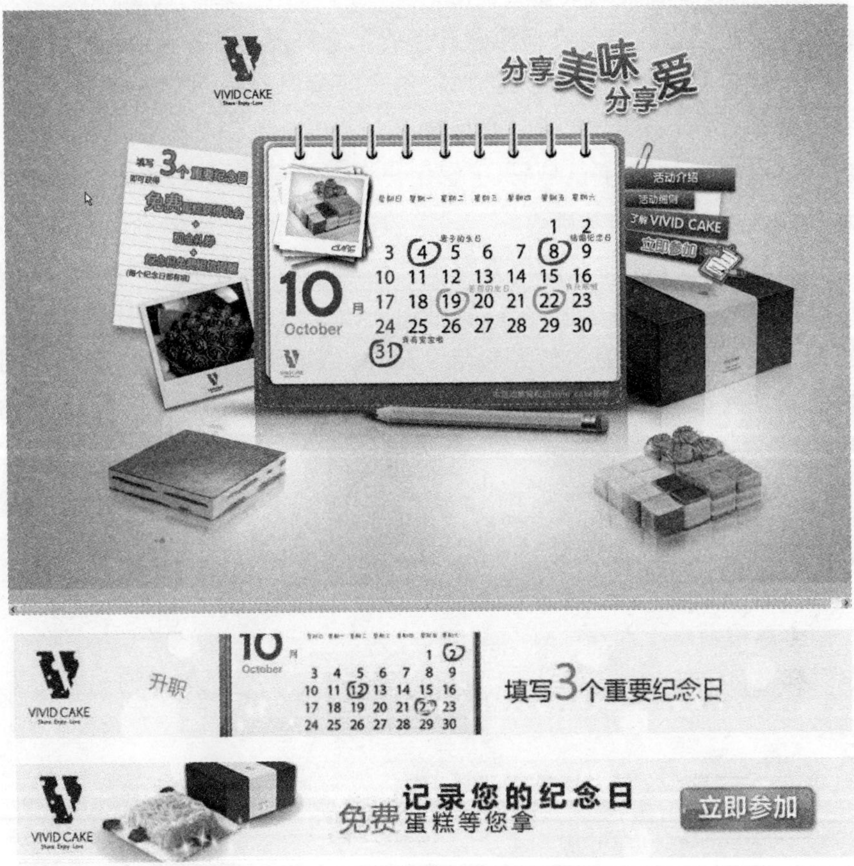

图 4-29　VIVID CAKE 蛋糕店广告

VIVID CAKE 是北京的一家蛋糕店,举办"记录您的纪念日,免费蛋糕等您拿"网络活动,用户通过注册网站会员,提供三个最重要的纪念日(亲友的生日、结婚纪念日、您和您的他/她相识的日子、宝宝第一次叫爸爸/妈妈的日子、您的工作取得重要成绩的日子,等等),便有机会成为

① 活动地址,http://www.17try.cn/cast/vividcake/index.html。

幸运顾客并获得免费蛋糕，更可享受纪念日到来前该店准备的温馨礼物，包含纪念日短信提示与现金礼券，还可享受买一送一特惠；用户家人或朋友可在纪念日当天收到商家送去的纪念日祝福。

该活动主题和利益点非常清晰，用户门槛低，可以说是一目了然，没有太多花哨的活动环节，商家的品牌理念和功能利益点非常清晰。巧妙吸引用户注册，获得手机号码，了解用户潜在的需求，为后续的购买转化刺激提供了强有力的基础。

当然，活动美中不足的地方在于，没有鼓励转发环节，实际上这样的活动具有很好的分享价值，可以鼓励用户转发到自己在各种社交网站上的个人主页里，激发更多的人参与。此外，活动网站上竟然没有公司网站的醒目入口和更多产品介绍的导航，用户无法更深入了解公司和产品。

第 5 章

互联网广告创意设计

广告创意，是用图文并茂或互动的方式，向目标用户传递特定的信息。一方面媒体信息量呈现爆炸式增长，广告环境日益嘈杂，另一方面用户的注意力又是有限的。二者之间的矛盾，就是互联网广告创意设计需要重点考虑和解决的问题。本章分析国际知名消费者调查公司 IPSOS 对消费者在互联网上的注意力和偏好的研究，了解用户在互联网上是如何感知和筛选广告信息，如何优化广告创意方案，以提高网络广告的转化率。

ADVERTISING

消费者对互联网广告注意力及偏好研究

与传统媒体不同，互联网上有更丰富多样的广告形式，这种媒体具有很强的互动性，消费者可以主动地“忽略”（点击关闭）广告；亦可任意“获取”（点击打开）广告；媒体消费时间更可以“随意地延长”。

互联网广告媒体拥有的这些优势，一方面为广告主提供了更大的广告及媒体创意空间；另一方面也要求广告主使用新的方法评估广告的效果。评估互联网广告的效果成为广告主共同关注的重点话题。

国际知名消费者调查公司 IPSOS 研究认为，每个消费者在自由上网的 30 分钟中，平均接触各类广告 11.35 个，但平均每位消费者能回忆起的广告只有 0.88 个，92%的广告都被忽略掉。

互联网媒体是最能体现受众自主性的媒体。互联网广告身上负载受众“有意识获取”和“主动拒绝”两种行为之间的博弈。互联网广告并不只是广告主推销产品的单向行为，而与受众的信息需求主动获取、娱乐活动、交友等网络行为有机结合。企业投放互联网广告可以采取的策略包括以下六种。

- **调动正面情绪**

例如，色彩鲜艳或丰富多彩的版面设计能让广告看起来令人愉悦；动感的版面设计能让广告看起来更时尚，继而有助形成“时尚”的品牌形象。

- **唤起好奇**

例如，鼠标经过广告区域时，会忽然变成其他图形或者广告忽然变大；广告忽然在网页浏览区域弹出。

- **习惯注意**

例如，消费者会有意识注意 QQ 或 MSN 的屏幕右下角信息栏，获取有用信息，这会令他们较主动注意右下角的广告。

- **主动参与**

例如，当消费者参与抢车位游戏时，必然会接触嵌入在抢车位游戏内的关于车辆的品牌或汽车性能的信息，有助于提高消费者对该汽车品牌的认知和了解。

- **互动/嵌入式**

在与产品/品牌相关的网络渠道投放（例如，在太平洋电脑网投放 IT 产品的广告，在淘宝网投放网购产品的广告，或者在 QQ 弹出新闻页投放游戏广告）上，有助于提高广告被注意的几率，获得较佳的到达效果。

- **投放相关渠道**

在与产品/品牌相关的网络渠道投放（例如，在太平洋电脑网投放 IT 产品的广告、在淘宝网投放网购产品的广告或者在 QQ 弹出新闻页投放游戏广告等），可帮助提高“广告”被注意的可能性，而达到较佳的“到达”效果。

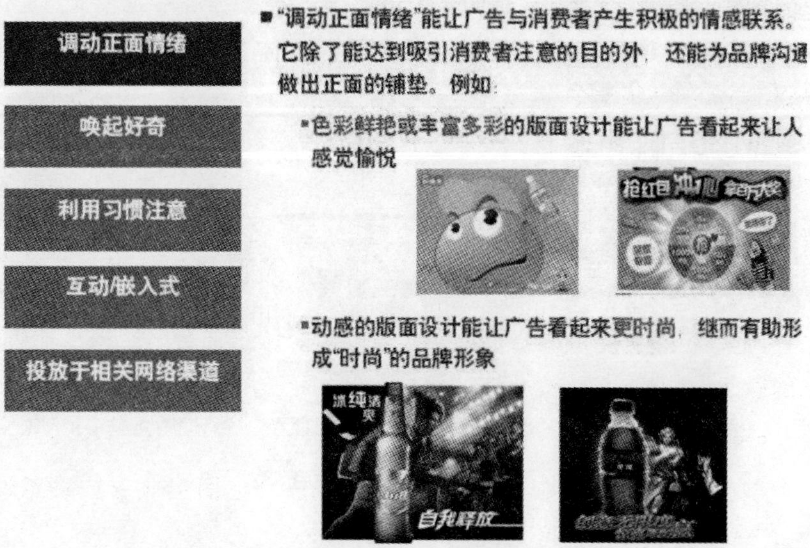

图 5-1　调动正面情绪

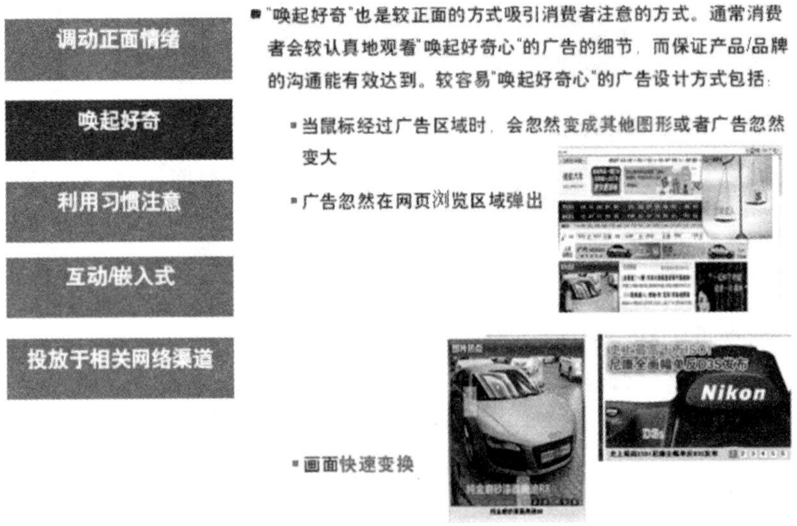

图 5-2　唤起好奇

图 5-3　利用习惯注意

- 调动正面情绪
- 唤起好奇
- 利用习惯注意
- **互动/嵌入式**
- 投放于相关网络渠道

■"主动参与"指将广告融入到有意义的上网行为中，令消费者不知不觉地主动获取广告信息，而使广告有较好的"到达"效果

▪例如，当消费者参与抢车位游戏时，必然会接触到嵌入在抢车位游戏内的关于车辆的品牌或汽车性能的信息，从而有助提升消费者该汽车品牌的认知和了解

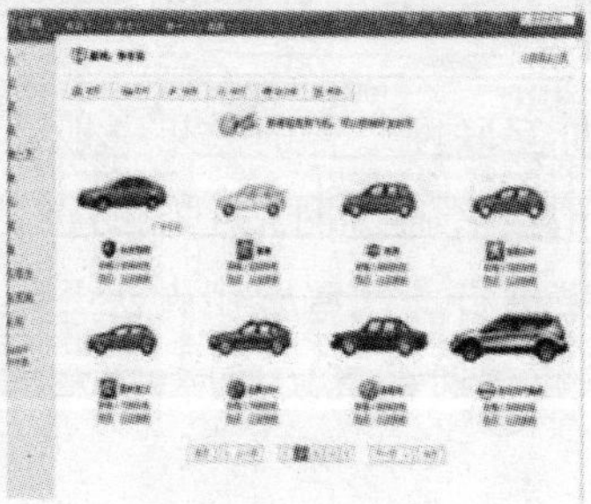

图 5-4 互动嵌入式

- 调动正面情绪
- 唤起好奇
- 利用习惯注意
- 互动/嵌入式
- **投放于相关网络渠道**

■在与产品/品牌相关的网络渠道投放（例如在太平洋电脑网投放IT产品的广告、在淘宝网投放网购产品的广告或者在QQ弹出新闻页投放游戏广告等），可有助提高"广告"被注意的可能性，而达到较佳的"到达"效果。

▪在相关渠道投放的广告被视为有用的资源之一：消费者浏览这些网站时，一般都是为了寻找相关的专业信息，而与此相关的广告也是这些专业信息的重要来源之一。

图 5-5 投放相关渠道

网络广告的用户体验研究

目前，评价互联网广告的效果一般通过直接询问消费者对网络广告的评价来进行，或者通过网站记录的点击率统计广告的“理论上的接触人数”等方法来进行。这些常用方法并不关注消费者实际面对网络这种互动性很强的媒体时的真实反应(注意力及行为)，效果评估容易夸大或者低估。

评估互联网广告效果前，应先研究“消费者在使用网络过程中对各种互联网广告的注意力及处理行为”，以便清楚地了解每一种主要的互联网广告形式对消费者实际的吸引力和影响力。为进行这一研究，就要使用科学有效的研究方法。

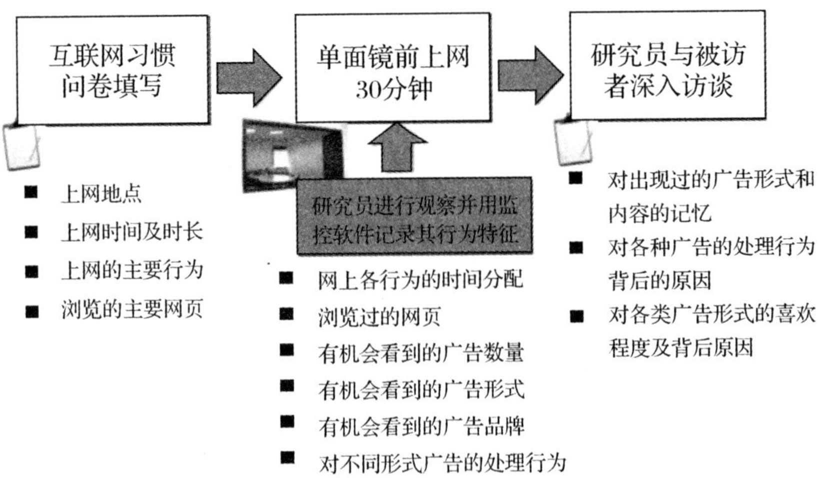

图 5-6　网络广告效果评估方法

根据国外的研究案例，让被测用户找到美国统计局网页上的美国人口信息（右上角，醒目的红色大字）。

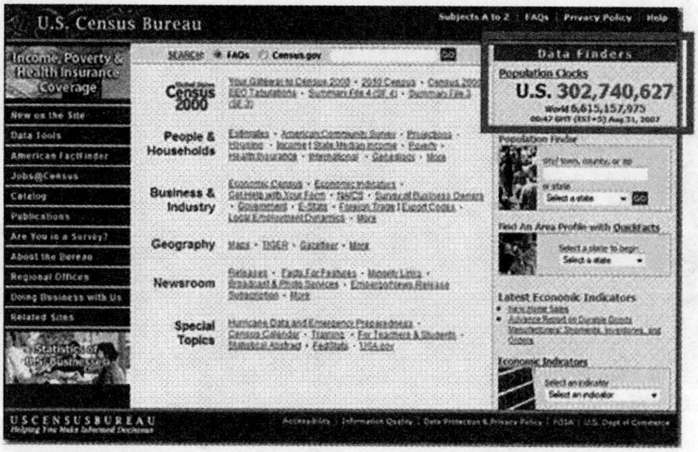

图 5-7　美国人口信息

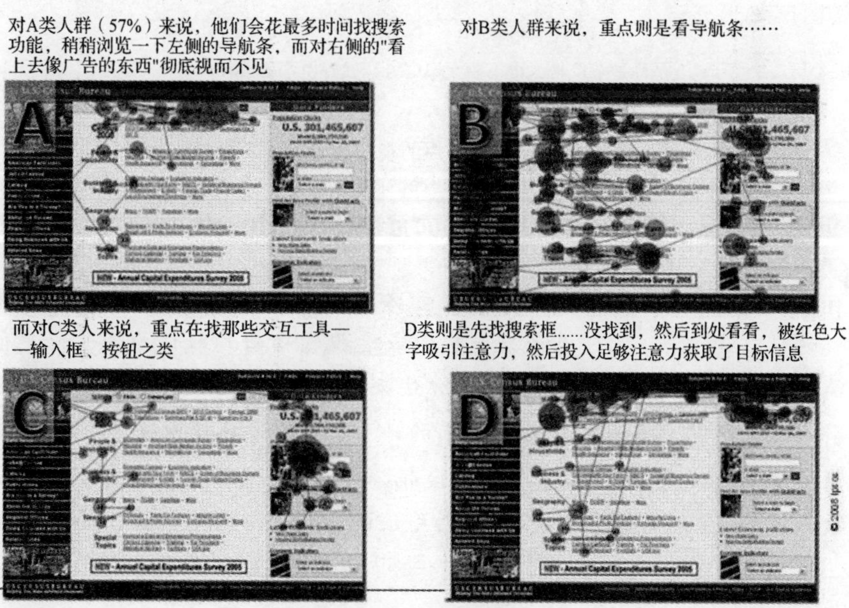

图 5-8　四种不同类型的习惯

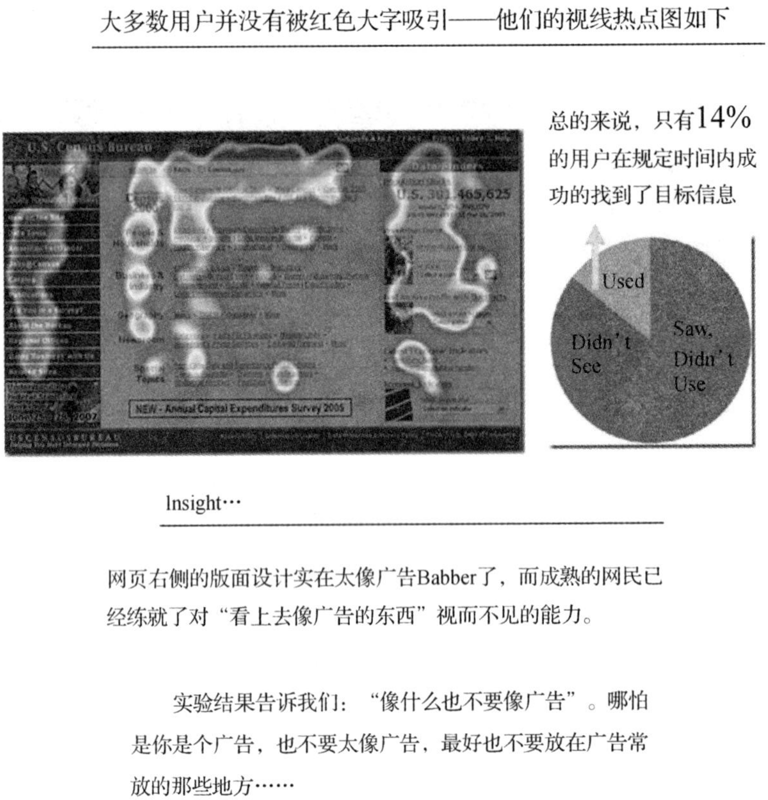

图 5-9　用户的视线热点图

视觉焦点——剖析网页设计中的几何圆[①]

你的设计为什么平平无奇，为什么吸引不了别人的眼球，这里先来说说什么是焦点(也可以称兴趣中心或者视觉中心)，我认为用焦点更能简单准确地阐述。有人用通俗的方法来诠释焦点，在设计的页面上最吸引人注意的地方，视线上集中交汇的地方，这个位置就叫焦点。在日常生活中我们运用照相机对准人的脸部，那也是在获取一个焦点。在网页设计中，引导用户集中在你想让他关注的画面上，那样会让你的设计有

① http://www.xmued.com/? p=1122。

重心和亮点。

1. 视觉焦点的处理方式

人们用视觉获取环境中的信息，对你注意的周围都会是模糊的，你视线集中的中心点是最清晰的。第一张，视觉上呈现这样的状态是，视线上没有集中，整体模糊，是成方形的视觉框架。第二张和第三张，图中的两朵花在图形中是最漂亮的亮点，漂亮的东西会引人注意，你会注意到上一朵或则下一朵，注意任何一朵花的时候，眼球集中点会以圆的形状向外逐渐模糊，最中心点就是焦点。圆形作为设计中的元素的时候，自然更加的适应视觉上的感知。

2. 视觉强弱

美女其实可以独立成为一个视觉焦点，但当我们给美女加了圆形边框后，视觉焦点就转移到圆形边框包括到的美女上，最后将圆形填充，视觉焦点就转移到填充色的圆形的美女上。

3. 对比图片

图 1，整体画面平平，人物排列没有层次，视觉上给人感觉很散。

图 2，通过添加圆形背景框，会让你想表达的图形首先进入用户眼球。

图 3，不仅添加圆形背景框，再区分人物大小，主次分明、焦点突出、画面活跃立体。

4. 几何的对比

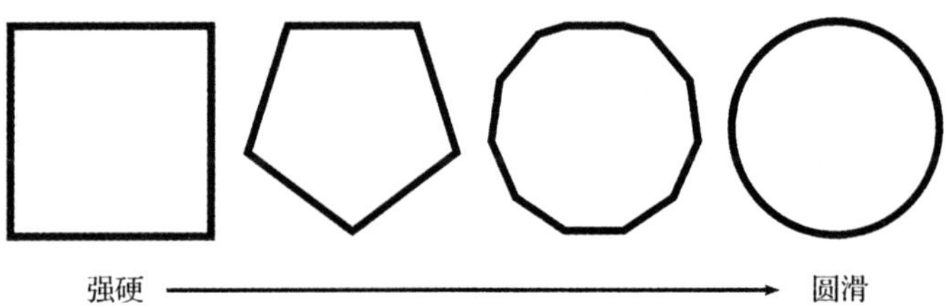

上图可以看到，方形过渡到圆形的变化，圆形是由极其细小的边角组成，在变化当中图形变得越来越有乐趣，比较下来圆形在几何图形中具有平滑流畅的边缘，圆形更让人感觉轻松，愉悦。设计需要增加乐趣的时候，我们可以多运用流畅线条的图形来让页面活跃起来。

5. 实例效果进行比较

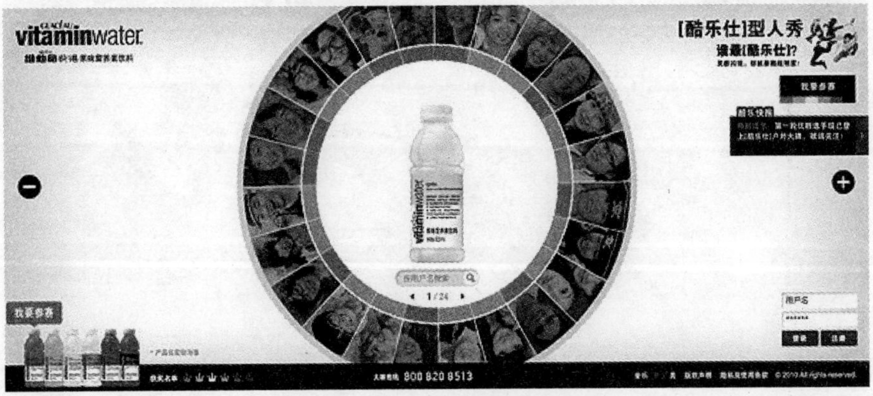

在这个页面上，圆形挑起大梁，支撑整个页面，人物笑脸图片组合的圆形包围着瓶子，映射了这个饮料带给我们的快乐。圆形不仅加强了焦点，更加强了页面的层次感，让页面不会单薄，无力度。

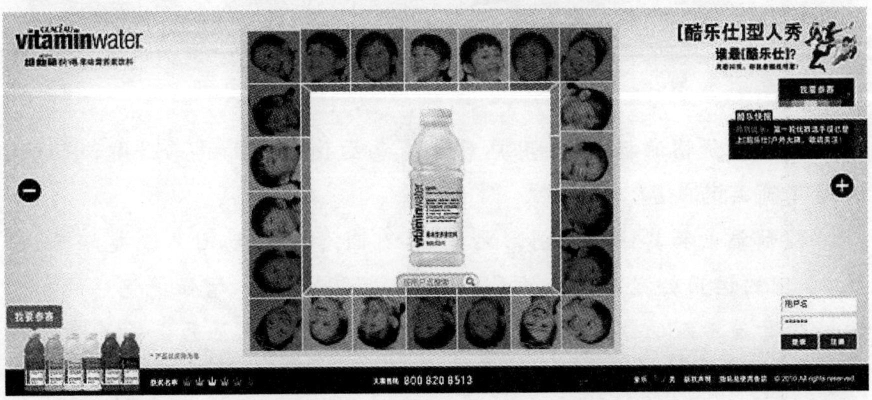

虽然同样用加框的形式来集中物体焦点，同圆形边框相比整体画面

呆板，僵硬，缺失了活跃的感觉。

富有节奏的设计，连贯的圆形元素组合，网站的主体富有节奏的形状，营造了网站活泼的气氛。方形的组合结构使得网站变得严谨许多。

圆形对价格的标注，让用户对这诱惑的价格更加的感兴趣，很好的营造了商品的气氛。

圆形元素和其他几何图形比较，具有圆滑的特点，让人感觉轻松、愉悦，合理的运用会提高页面的层次，让焦点更加突出，增强视觉感的同时也能够营造活跃的氛围。我们都在不断尝试如何让页面变的美观而生动，创造富有活力的页面，让网站给人的视觉感受富有好感，把握好设计中的焦点，使页面信息有效传达的前提下，运用有趣的圆形来设计页面是设计中很有效的方法。

如何做得 Banner 通情达意①

一、写在前面的话

有人觉得做个 banner 是放两张图，排几个字的事，一点技术含量都没有，像其他门户 banner 基本上都是编辑们自己做的。我觉得这么说是不对的，其实一个 banner 可以研究的东西还是很多的，而且做一个 banner 是不难，难得是在短时间内做一个出彩的 banner。门户的专题一般是编辑套模板拼成的，比较重要的专题，banner 部分是由设计师来完成，一个 banner 的品质上去了，整个专题的质量感就上来了，所以这部分交给设计师来做也是重视品质的表现，这个毋庸置疑。但 banner 毕竟不比大型项目，从设计成本上说不可能给太多的时间给设计师，于是乎，设计师有时候是靠经验积累，有时候妙手偶得，质量也是时好时坏，更害怕的是当没有经验没头绪没有心情时，胸中无物，不知道如何下手，于是越急越乱，越乱越急，最后匆匆了事，这种状态下估计也出不了好的东西。在排除技术手段的前提下，如何通过一些经验的思考，让 banner 达到通情达意效果，也是我下面要说的，个人经验之谈，供大家参考。

二、顾及需求方的频道定位

因为包含内容不同，门户网站各个频道有着不同的风格，所以设计师们做设计的时候也要考虑到如体育频道的运动感，财经频道的国际和高端等。

---

① http://ucdchina.com/snap/7471。

图 1　女性频道广告案例

/女人频道的定位是知性，所以这个 banner 设计风格也是很贴切的。

/banner 赞助　夏小萌

图 2　历史频道广告案例

/历史频道的专题，做出厚重沧桑的历史感还是很切题的。

/banner 赞助　10

三、顾及此专题的定位

专题的定位有时候和频道的定位偶尔是有冲突的，如女人频道一贯的知性理性的大风格下，有时候会来一些可爱小女人，有时候有做温馨浪漫，在这种有风格冲突的情况下，我们还是以贴合专题的定位为主，当然也尽量做到不能背离频道风格太远。

图 3　女性频道广告案例

/女人频道下的一个怀旧感的专题，所以画面做出了一些怀旧的感觉。

/banner 赞助　璇

图4　数码频道广告案例

/数码频道的一个和某手机赞助商的活动，所以banner也表露出一定的商业感

从构成上讲，一个banner分为两个部分，一为文字，二为辅助图。辅助图虽然占据大多数的面积，但是不加以文字的说明，很难让用户知道这个banner要说明什么。要读一个人的喜怒哀乐，只要读其五官即可。在一个banner里面，标题文字起着五官一样的作用，所以个人觉得文字才是整个banner的主角。所以对于文字的处理，显得尤为重要，在文字处理时有几个小技巧，与大家分享。

图5　文字阐述专题主题

/banner文字阐述专题主题，是绝对的主角。

/banner赞助　淑华

(1)分清主标和副标，从主次上来说，主标为主，字体要大颜色要醒目。副标起到从内容上和形式上都辅助主标的作用。一个好的banner标题文字处理都比较饱满，比较集中。

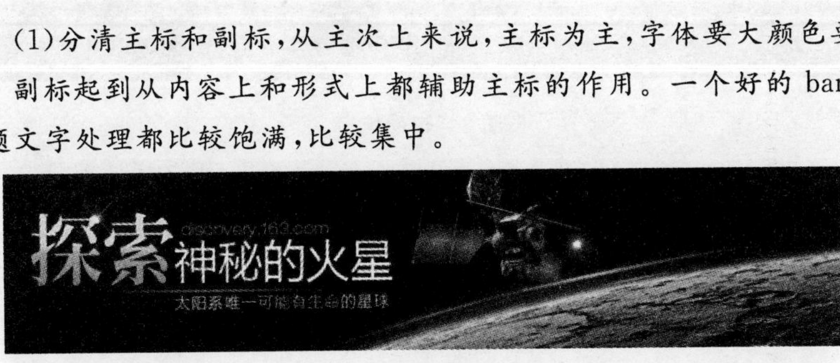

图6　主副标题的设计

/对主标题的断词比较巧妙，文字集中，主次明显，且文字与辅助图案相互呼应，统一感很好。

/banner赞助　淑华

(2)如果主标太长,需求方不舍得删文字的情况下,对主标中重要关键字进行权重,突出主要的信息,弱化“的”、“之”、“和”、“年”、“第X届”这种信息量不大的词。

图7 主标题的处理

/长标题的时候,如果把“征集各种端午风俗”排成一行,就会显得没有主次,也很有吸引力。我这里把“端午”这个最重要的信息提出来,让用户很容易进入环境,然后让他们继续了解更多的信息。这里还要说一个小技巧,我这里“征集各种”、“端午”、“风俗”这三个词虽然分别用了三种字体,但还是能读出“征集各种端午风俗”这是一段话,因为同一个红色起到了很大的作用。

(3)如果需求方整体文字太短,画面太空,可以用一些加入一些辅助信息丰富画面。如加点英文,域名,频道名等。

图8 辅助信息

/这个banner附加了一些英文来丰富画面,让画面充满丰富的同时,充满生气。
/banner赞助LV

一个banner最主要的是标题,但辅助视觉起着烘托标题文字的作用,然而这也是最有难度的一个活,设计师的个人风格和变现力在这里能够淋漓表现。文字和辅助视觉的关系,我这里列举了三个常见搭配方式,这几种方式搭配分别有不同的效果,从而产生不同感觉。

三种文字和辅助视觉常见的搭配方式：

(1)文字+背景陪衬两段式。特点突出文字，视觉集中文字，报道感强。

图9　文字和背景的搭配

/banner 赞助　胡子

图10　文字和背景的搭配

(2)文字+主体物的两段式，文字图案相辅相成，起到文字言事图案帮助理解的效果。这样的banner适合做介绍类或者产品类。

图 11　文字＋主体物

/banner 赞助　淑华

图 12　文字＋主体物

(3)主体物＋背景＋文字的三段式，特点虚实结合，主次关系明显，也是效果最好，用的最广泛的一种形式。

图 13　主体物＋背景＋文字

图 14　主体物＋背景＋文字

图 15　主体物＋背景＋文字

/banner 赞助　淑华

1. 严肃话题也能做出新感觉

做新闻报道的时候，遇到严肃话题，一般的设计师，都会比较拘谨，不敢也不愿去做视觉上的创新。所以配到这种话题，画面效果一般都会比较模式化，信息量弱，感染力不足。这时候，设计师如果敢解放思想，去动脑子做一些创新，其实严肃话题做上新感觉，能够达到意想不到的效果。

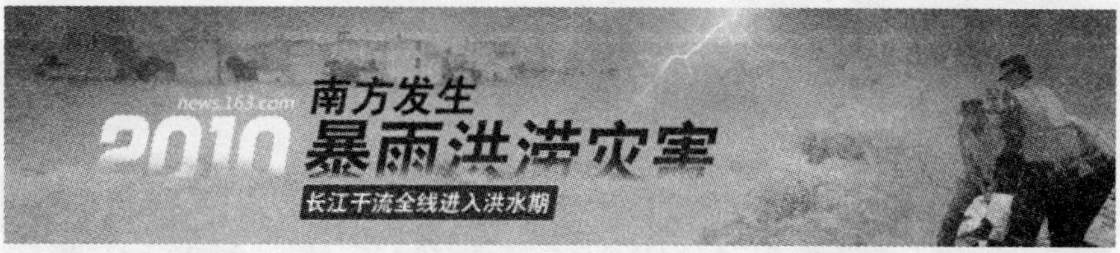

图 16　严肃话题

/主题文字埋没在洪流之中，让其有一种融入感。洪流、闪电、阴暗的天空、淹没的城市，画面灾难感很强，角落处的武警官兵抗洪，让整体灾难中透出希望，哀而不伤。设计师有时候不仅仅应拥有对画面掌控力，对专题主题的把握，也是作为一个设计师应该具备的素质。

图 17　高温专题

/因为是做夏季高温的专题，所以在处理画面的色彩时候我对比度做得比较弱，就如同烈日下看东西的感觉。

图 18　春运专题

/这是春运的专题，我在处理画面用了很多斜的构成，因为斜的东西学构成的时候表达那种不安感是比较贴切的。拥挤的人群、阴霾的天空，不安中带着希望，当一张小小的火车票就能映出当回家的曙光时候，我想，或许这就是很多人对于春运的感觉吧。回头看看其他门户的专题，光艳无比，一股社会主义的优越感油然而生的感觉，不知孰对孰错，再想时，我已迷失。

2. 轻松话题可以做出幽默感

有时候也会做到一些轻松感娱乐感的专题，在做这些专题的时候，设计师们就能更加放开了。

图 19　轻松话题-1

/这个专题 banner，做得很轻松很幽默。编辑说他的频道群里发，整个频道的人都笑翻了。

图 20　轻松话题-2

3. 作品也能带点小情调

有时候来一些小的创意也会让 banner 增色不少。

图 21　小情调-1

/摇滚的不是乐器，还是文字

/banner 赞助　窟

图 22　小情调-2

/冰雪的不仅仅是车，还是文字

四、后面的话

有时候我觉得做一个 banner，如做一篇文字，文字可以是小说，可以是诗歌，也可以是散文，形式多样；可以用比喻、也可以拟人，也可以排比，手法也是多样。做一个 banner，有时候需要字斟句酌，有时候则要点到即止；有时候该放，有时候该收；有时候可以如苏东坡般登高望远、举首长歌，有时候又可如柳永般娓娓道来、触动心灵。你可以用不同形式和手法来表现，但相同处，通情达意，揭露主旨。本文主要从定位、文字、辅助图和艺术性上表达了我对于做一个通情达意 banner 的一些见解，让大家能从我的理解中对做 banner 有新的看法，当然，水平有限，不足处，欢迎指正。

第 6 章

社区网站和口碑营销的操作

从雅虎代表的门户时代，到谷歌代表的搜索引擎时代，再到 Facebook 代表的社交网络时代，互联网的变革日益呈现围绕用户为中心，普通用户可以自由发表话题，或者与他人交流话题。同样的，企业作为普通用户参与社交网络的用户交流，也日益成为新的趋势。人人都可以参与的时代，社群营销越发显得重要。

web2.0时代的整合传播①

整合营销传播理论兴起于商品经济最发达的美国，强调以消费者为核心重组企业行为和市场行为，综合协调使用各种传播方式，用统一的目标和统一的传播形象传递一致的产品信息，实现与消费者的双向沟通，迅速树立产品品牌在消费者心目中的地位，建立产品品牌与消费者长期密切的关系，更有效地达到广告传播和产品行销的目的。

作为实战性极强的操作性理论，整合营销概念重视消费者而非产品，从消费者的角度出发进行逆向思考，研究消费者的需要与欲求及他们愿意为此付出的成本，进行多角度、全面的广告策划，在此基础上，组合利用作为广告载体的媒体，以实现有效的沟通与交流，主动引导消费行为。

“一个声音，一个主张”是我们通常所讲的单一诉求（USP，独特的销售主张），而非整合营销传播的精髓。独特的品牌主张使用单一接触点和单一媒体（或传统媒体），无法满足消费者善变的需求，所以才要用整合品牌传播的策略和手法来达到不同接触点的消费者。舒尔茨认为，消费者的需求日趋差异化、多元化和个性化，媒体传播已从大众时代迈向分众时代和个性化传播时代，营销传播实践与理论也应该相应发展。

一个上网的女孩子注意（Attention）到了一款看上去不错的化妆品，她一定会带着兴趣（Interest）在搜索引擎或自己常逛的消费类网上

① 亿邦动力网，www.ebrun.com。

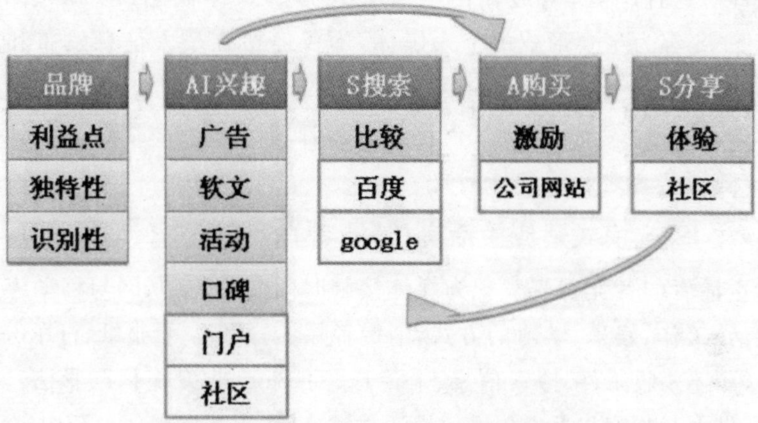

图 6-1　电通 AISAS 模式下的整合传播创新

社区搜一搜，如果她觉得化妆品详细介绍以及社区内网友评价都不错，一般就有信心选择购买（Action），一段时间之后，她也可能会在社区上写出她的感受（Share）。这就是电通所提出的 AISAS（Attention—注意，Interest—兴趣，Search—搜索，Action—行动，Share—分享）理论。

- **传播环境的变化催生 AISAS 模式**

从传统时代到网络时代，互联网（WEB）与移动应用（Mobile）得到爆发性的普及。第一代互联网同电视、报纸一样承担信息发布者的角色，网络搜索引擎则提供了与传统媒介完全不同的、主动、精准获取信息的可能性。

紧接着，web2.0 带来传统媒体无可取代的全新传播理念——以消费者为主体的传播——消费者不仅可以通过网络主动获取信息，还可以作为发布信息的主体，与更多的消费者分享信息。将生活者也吸引进来的网络工具（如 Blog/Wiki/BBS/SNS）的崛起，生活者的行为模式和媒体市场也随之变化。个人 Blog 通过“Google AdSense”这样的广告定向发布与利益共享机制，其广告媒体的功能不断得到强化，搜索网站的精度也在不断改善，媒体市场由之前的扁平式发展，逐渐呈现深度、精准发展。

针对这种趋势，电通提出消费者发布型媒体概念：以 Blog、Wiki、BBS、SNS 等为主要形式的个人媒体，不仅停留在个人信息发布和群体信息共享，还涉及比较讨论新闻和企业信息（也包括广告）等各种各样的传播形式；信息发布由 B2C（企业到消费者）转化为 B2C2C（企业到消费者，伴随消费者之间口碑传播）。

- **AISAS 模式适应生活者（消费者）的变化**

生活者的变化首先表现为媒体接触时间变化，互联网与移动应用改变生活、工作、娱乐、学习的方式，消费者除了看电视、看报纸、行车、逛街、差旅等，还要收邮件、搜索信息、上论坛、写 Blog、收发短信/（彩信）、在线交易，借由互联网与手机创造的生活方式，已成为消费者的生活内容。

其次表现为主动消费增加。互联网为消费者主动获取信息提供了极大便利，消费者购买决策时，可以在互联网上搜索、收集商品/（服务）的信息作为依据，再决定其购买行为，进行更理性的消费。CNNIC 历次调查数据显示，对商品/（服务）等的信息检索始终是网民对互联网的主要用途之一。

最后引起消费者心理的改变，“不愿失败”的消费心理有了更充分的信息依据。在传统时代，营销手段万变不离其宗，是刺激需求的手段，消费者亦在种种商品信息与营销宣传中混沌迷糊地进行着购买决策。在网络时代，行业频道、行业垂直网站、专业评论网站、专业博客的出现，帮助消费者从多种渠道获得详尽的专业信息，确保其尽可能进行“正确的”购买决策。

传播环境与消费者是营销过程中的一体两面。依据电通的接触点管理理论，生活者（消费者）因使用互联网及手机而产生的生活接触点，都将成为整合营销过程中不容忽视的传播媒介。

- **从 AIDMA 到 AISAS 重构传播模式**

传播环境与生活方式改变，消费者的购买探讨过程也随之变化。营销者需要重新考虑：在消费者的购买探讨过程中，商品认知阶段，消费者的信息来源是什么，适合的媒体是什么；理解商品和比较探讨的阶段，消费者的信息来源是什么，适合的媒体是什么；购买商品的阶段，消费者的信息来源是什么，适合的媒体是什么？

电通公司的调查发现，在商品认知阶段，消费者的信息来源以电视、报纸、杂志、户外、互联网等媒体广告为主；在理解商品及比较探讨和决定购买的阶段，除了亲临店头之外，互联网及口碑相传是其主要信息来源与决策依据。

基于以上的研究与探讨，电通公司重构了作为营销基础的消费者行为模式。传统的 AIDMA 模式下，消费者由注意商品，产生兴趣，产生购买愿望，留下记忆，到采取购买行动，整个过程都受传统营销手段的左右。

基于网络时代市场特征而重构的 AISAS 模式，将消费者在注意商品并产生兴趣之后的信息搜集及产生购买行动之后的信息分享作为重要环节，两者都离不开消费者的互联网应用。

- **跨媒体全传播体系的进化**

依据电通的接触点管理，媒体将不再限于固定的形式，媒体不再各自为政，选择媒体形式、投放时间、投放方法时，先要识别消费者与产品或品牌的可行接触点，在所有接触点上与消费者进行信息沟通。

在信息沟通圆周的中央，详细解释产品特征的消费者网站成为各接触点上与消费者进行信息沟通的深层归宿。消费者网站不仅提供详细信息，帮助消费者深入了解产品并影响其购买决策；为消费者之间的人际传播提供便利；营销者分析网站访问者数据，可以制定出更有效的营销计划。

互联网拥有无可替代的信息整合与人际传播功能，所有信息将在互联网聚合，获得成倍的传播效果，以网络为聚合中心的跨媒体全传播体系随之诞生。

ADVERTISING

从鼠标到键盘：从编辑为中心到用户为中心

互联网广告的关键是用户的行为转化率。互联网形态从 web1.0

的单向传播变成 web2.0 的用户参与，用户行为可以形象地比喻为：从鼠标到键盘。

web1.0 鼠标时代：用户移动鼠标浏览页面，例如新浪等传统门户，或各种组织性的机构，单向度地发布资讯供用户浏览。用户只能浏览但不能参与内容的制作或互动。web1.0 仅仅是传统媒体在互联网上的延伸。

web2.0 键盘时代："输入行为"是 web2.0 时代的典型特征，用户自主传播，打破了传统的以组织为单位的传播形态。"人人都能参与"，用户可以自由发布言论，与朋友分享。百度用户可以自由搜索信息，通过天涯论坛或百度贴吧讨论特定主题，通过人人网或开心网发布照片和博客，通过新浪微博关注自己兴趣的人。web2.0 时代拥有不同的信息架构和交互模式，根据"人—信息—人"的交互模式来区分，主要可以概括为"树状结构，以编辑为中心的话题讨论"和"网状结构，以用户为中心的社交网络"。

- **树状结构：以编辑为中心的话题讨论**

议程设置理论认为，传统媒体的版面有限，必须按照内容的重要性，进行位置的排序，重要的放在头版醒目位置，不重要的放在后面。同样，受众的注意力有限，受众会先挑醒目位置重要的内容看。议程设置会影响公众的注意力和社会舆论，影响公众关注的话题和讨论程度。

web2.0 时代，人人都可以参与互联网，但上述两个客观变量并无本质改变。在社区论坛上，置顶的或者排名靠前的话题受到的关注度依然较高，相关讨论也更为激烈。长尾现象，在社区论坛里依然呈现。

社区论坛的信息结构是以公共话题讨论为中心的树状结构，不同的话题版块被事先设定好，每个版块里有版主主持秩序，其所起作用类似网站的编辑，他们进行内容原创，主持话题讨论，将热点内容置顶，定期组织活动，活跃社区论坛的人气；删除不符合规定的话题和内容，或设法使之沉底。

在社区论坛里，80%以上的用户是浏览型用户（只浏览，很少发言），不到 10%的用户经常发帖，10%的用户经常顶贴、灌水或者转帖。多数用户是沉默的看客，他们只习惯浏览，而不习惯主动发言。

因此，社区论坛是特殊的媒体，依然是版主(编辑)、意见领袖(记者)为主的媒体，他们创造内容，其他用户则是受众(读者)。因此，社区论坛里依然遵循议程设置规律。

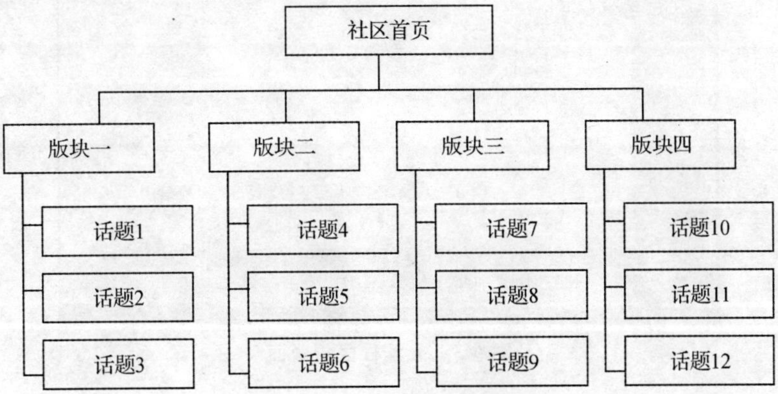

图 6-2　社区论坛的树状结构

图 6-3 是天涯社区的版面。可以看出，所有版面中，娱乐八卦、天涯杂谈、贴图专区、情感天地、时尚资讯等版块的人气最旺。笔者以为，百度贴吧等社区网站的信息架构和交互方式，本质上和天涯社区一样。

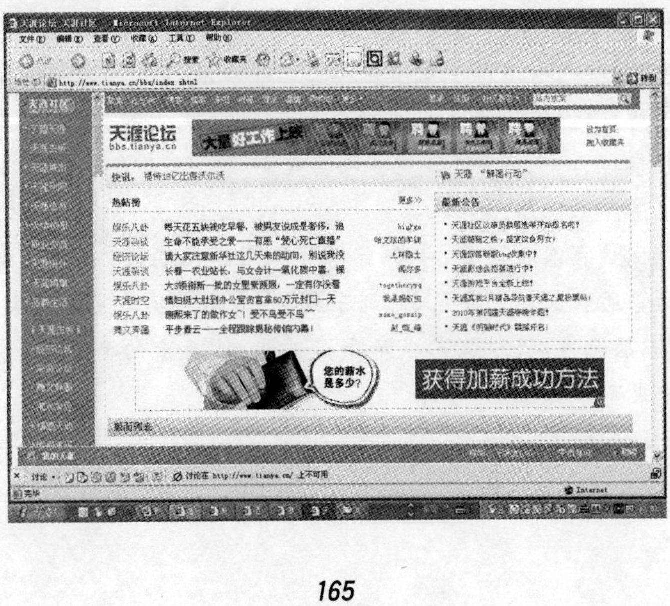

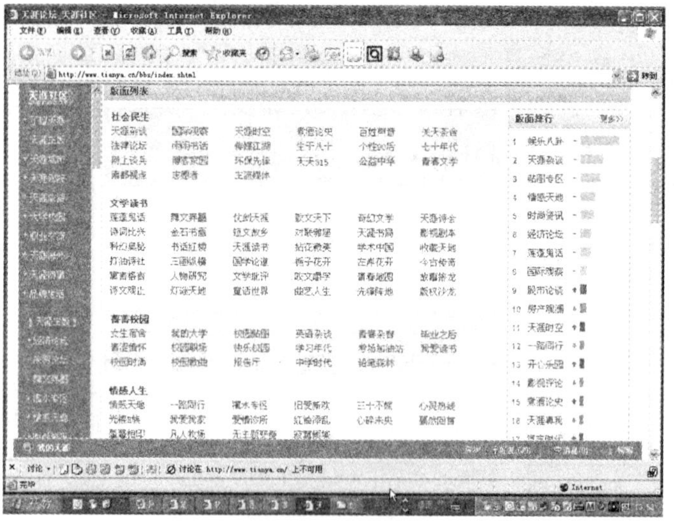

图 6-3　天涯社区的版面

“犀利哥”事件背后的网络生态①

1. 事件起因，主要经过回顾

网友信手拍的一张照片，让宁波的“犀利哥”成为众网友关注的焦点，拉风的造型，酷酷的装扮，引来众网友的“追捧”，此后被网友冠之“乞丐王子”、“犀利哥”等名，从 2 月 23 日帖子以天涯等论坛发出后，随着网友关注度的提升，这场原本只是一个“草根娱乐”的事件，逐渐被更多网友的爱心所取代，宁波很多网友为“犀利哥”寻找救助和亲人，外地网友也加入寻亲接力中。“犀利哥”事件甚至引发日本和英国等外国媒体的关注和报道。

“犀利哥”真名程国荣，一个有精神障碍的流浪者，一个从鄱阳湖区走出来的普通农民。十年前，他到宁波打工，不久就与家人失去联系；十年里，他流落他乡，历经饥寒艰辛和身心疾病，至亲的妻子、父亲在去年的车祸中也不幸丧生。

① 《犀利哥》，http://baike.baidu.com/view/1465055.htm 。

“犀利哥”走红网络后，网民不仅关注他的消息，还美化他的外形，更猜测他的身世。面对虚拟的“乞丐王子”之谜，有人说他是抗洪英雄，有人说他曾是有车有房一族……不断强贴在“犀利哥”身上的标签，回头看来，不过是一个个将其美化加神话的“臆想”。3 月 6 日，在宁波市政府及网民的不遗余力下，真名程国荣的“犀利哥”与家人团聚。

2. 事件背后的网络传播解读

一个路边的乞丐一夜走红，传达的是一种深邃的社会内涵。网络民众对犀利哥的关注、热捧，一方面是对他不幸命运的同情，也含着相当部分人的猎奇心理。“犀利哥”事件让我们看到网民的力量，网友起初看到这个帖子时主要还是从他表情里捕捉到的好奇和娱乐心态，但随着更多人的关注，“犀利哥”背后的信息被渐渐挖掘出来，网友不再用娱乐的心态去对待，而是转变为一种责任心，参与帮扶。

很多人被触动，希望能帮助他，这其中网络起到很大的作用。也许之前的关注是“犀利哥”这些弱势人群所不需要的，但之后的帮扶却让我们看到了这个信息发达的时代，网民的爱心接力，而且网民的舆论监督声音也让政府行动起来，最终促使“犀利哥”事件最后逐渐走到比较温情的方向。

3. 好奇心理作祟与网络炒作风潮

猎奇心，实际上是人们对于未知事物的好奇。近段时间发生的事情，极大地满足了人们的猎奇心。先是罗玉凤，被网友们戏称为凤姐。有关她的一切也被人肉搜索出来，她的经历，也被叫作“凤姐传说”。事后证实，罗玉凤不过是网络营销机构利用人们的猎奇心进行的低俗化炒作而已。

然后是兽兽门翟凌事件。兽兽翟凌因为与男朋友分手，被恶意上传了性爱视频。明星效应，对性的偷窥欲，更助长了人们的猎奇心。于是，兽兽门完整版下载、兽兽门照片、兽兽第四季下载地址、兽兽第四季迅雷下载、shoushou. rar、兽兽 6m 等才会位居搜索榜前列。

之后是烟草局长日记与犀利哥。前者本是可以作为反贪腐的一个典型，但是网友们对于烟草局长日记中的桃色事件更感兴趣。于是人肉烟草局长日记全文、局长日记完整版、谭善芳图片、盘姗姗照片等，让整个事件变了味。再看看犀利哥，犀利哥身世、犀利哥日本、乞丐犀利哥、潮人乞丐哥等，估计他的祖宗十八代都会被翻出来，如果能够找得到的话。

由于社会主流文化信仰的缺失，以及社会发展中的贫富差距等矛盾突显，网民的娱乐化和反主流的心态，折射出世间百态。与此同时，各色人等亦利于网络的炒作，来达到各种宣泄不满或者吸引眼球获取商业利益的目的，网络推手和媒体的利益牵连，直接或间接的推动事件的挖掘、包装、炒作和放大，网络社区亦成为“非主流”的“主流媒体”。

- **网状结构：以用户为中心的社交网络**

Qzone 空间、人人网、开心网和新浪微博，呈现与天涯社区不同的信息架构和交互模式。如果说，天涯社区是围绕公共话题的讨论，Qzone 空间等则是以用户个人为主体的社交圈子。最显著的区别是，用户登录后看到自己的空间，用户个体有自己的主体信息和后台，可以完整呈现自己的言行，在此基础上，可以关注自己的朋友，与圈子里的朋友进行交互。

例如，新浪微博是开放性的社会化网络，用户不仅可以看到自己朋友的言行，而且可以看到朋友的空间里的他的朋友，可以自由添加他的朋友为自己的关注对象。此外，新浪微博还可以对话题进行参与式的讨论。因此，微博的形态是以用户个体为中心，圈子为核心半径，开放性的网络结构。

新浪微博借鉴新浪博客的名人路线的成功经验，大量引入名人微博认证，通过在网站首页的“微博广场”等醒目位置的名人和话题推荐，营造社区氛围，吸引关注和讨论。

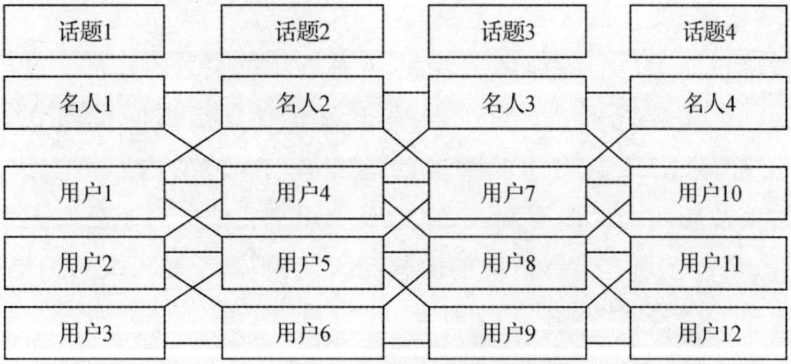

图 6-4　微博社区的网状结构

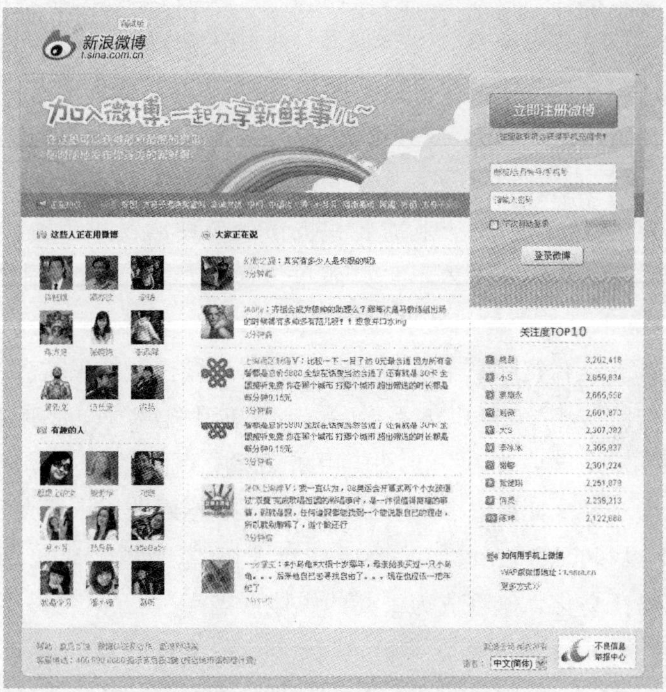

图 6-5　微博社区的网状结构

微博还可以根据用户的标签设置、IP地址等，向用户推荐可能感兴趣的人。微博分析用户的属性和言行，使用智能化的推荐，利用“同好”(共同关注)原理，将用户“黏”成一张紧密的网络。关注相同话题或有相似经验的人之间可能成为朋友，而对企业而言，寻找与用户共同的话题，是建立“伙伴”关系的重要渠道。

微博根据用户的各种属性参数，推荐有相关关系的好友。包括邮箱联系人、地域最近的人、关注同一事件的人、有相同标签的人等。web1.0和web2.0都有本质共通的地方——媒体的内容第一位，没有具有价值或影响力的内容和人，很难吸引用户关注。对于公共关系的建立而言，平台必须有足够价值的内容和人，否则基于私人关系的沟通，用户在腾讯QQ或MSN上完成即可。

- **“强关系”和“弱关系”**

用“强关系”或“弱关系”来区分，熟人之间的关系是“强关系”，陌生人之间的关系是“弱关系”。在浏览的网站上，在普通的社区网站上，用户之间是“弱关系”，随着共同话题增加，用户相互结识为朋友，用微博建立沟通，甚至用QQ聊天，这意味着，两人的关系从公共空间进入私人空间，形成“强关系”。

从关系链的角度看，企业需要积极借助各种话题和活动，与用户进行更紧密的沟通，网络广告不再只简单传递信息，而要在企业的品牌营销和客户关系管理中与消费者建立强关系。

目前，已经有数百家企业和组织入驻新浪微博。越来越多的企业意识到，应借助web2.0的媒体平台，尤其是新浪微博这样带有媒体性质的社交网络，发出自己的声音，并与用户互动。

web2.0平台日益增多，用户群不断分化，不同的用户群在不同的社交平台上得到归属感。80后、90后日益成长，越来越个性化，消费能力越来越强，社会化媒体将成为重要的媒体形态。

品牌的web2.0的整合营销，成为企业的重要课题。但web2.0的整合营销并不简单，需要态度、理念和技巧。例如戴尔倡导开放性的沟

图 6-6　微博社区

通文化，戴尔中国在官方博客“戴尔直通车”中认为：“围脖不会是企业传播单向的传声筒。我们会密切关注用户的一言一举，聆听、转发、分享、学习，回答大家的各种问题。在戴尔看来，社会媒体营销不是公司某个部门的职务，而是整个公司内部从理念到实施进行的全方位的革新。”①

① www.direct2dell.com/chinese.戴尔直通车是戴尔公司的官方中文博客，创办于 2007 年 3 月。博客采用文字、照片、视频等形式，介绍戴尔产品、服务、员工生活等各种最新和幕后信息。

利用 Twitter，戴尔在美国已经获得 650 万美元的销售收入。在中国，戴尔正在尝试利用人人网（校内网）和微博，针对大学生群体进行社群营销。微博里的人名前加@标识，即可直接点击进入该人的微博；另外，在关键词或字段前后加＃标识，可直接点击查看搜索结果中关于该主题的讨论。在微博里，你既可以关注人，也可以关注话题，通过话题认识更多的人。QQ 是即时的封闭式社区，微博是非即时的开放式的社区。微博的巨大想像力也在于此。

中国平安、戴尔中国、招商银行、光大银行等知名企业都设立了自己的官方微博，在这个平台上与用户进行沟通，举办各种活动。

图 6-7　平安的官方微博

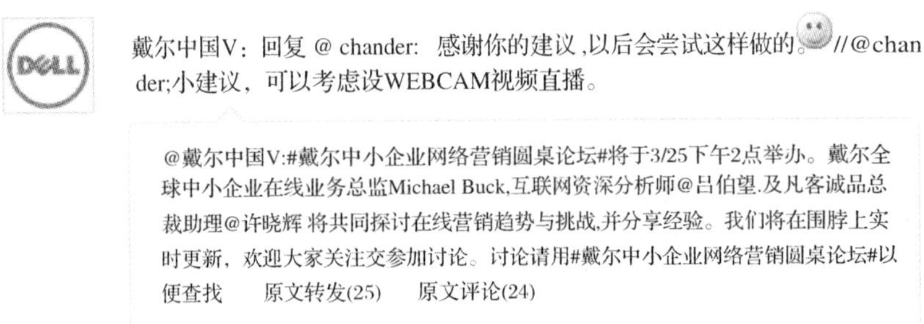

图 6-8　戴尔的官方博客

图 6-9　戴尔的新浪微博

戴尔的官方微博上写到："戴尔围脖员工形象大使闪亮登场！他们是@戴尔 Andy、@猪立叶思、@Gator、@BonnieZhou、@萌萌、@戴尔老范、@JackandDell，期待和大家更多的交流！"戴尔已经将微博的文化看作企业全员营销的重要内容。

图 6-10　光大银行的新浪微博

图 6-11　招商银行的官方新浪微博

从品牌的角度看，互联网社会化网络的出现及社群营销的兴起，凸显产品营销到情感沟通的转变。例如布偶品牌布三布四，通过与消费者分享产品的照片和故事，激发共同的情感，展示了强大的品牌生命力。

亚当·斯密在《道德情操论》里说，“感同身受”的“同理心”是维系社会共同价值的纽带。他在《国富论》揭示了分工合作的原理：边际效率的提高，边际产品的交易。现代品牌营销的发展则揭示了，产品日益同质化，个性化的情感纽带愈发重要，消费的不仅是物质产品，更是精神产品，社群精神，自我认同，归属感，偶像崇拜，快乐，分享，体验。从功能性到情感性，从 web1.0 媒体到 web2.0 媒体，从纯粹的功能性到交互分享情感。

例如，在携程网、去哪儿等功能性的网站上，用户的口碑评价和故事分享日益成为网站吸引人的重要因素。在淘宝网这样的综合电子商务平台上，用户的口碑和诚信评价成为平台的重要特征。新浪微博也正在弥补新浪在用户交互和分享方面的短板。百度贴吧和知道、腾讯 Qzone 社区，都成为网站提升用户黏性的重要平台。因此，生活消费类媒体应该综合运用专家的权威性，内容的新颖性和服务性，普通用户的口碑、体验、分享。从功能诉求上升到情感诉求，逐步提高用户的黏性。

如何利用微博进行营销活动

目前，已经有越来越多的企业入驻新浪微博并在微博上开展活动。首先，企业需要在新浪微博上申请实名认证(见上图)。微博活动的通常方式是：设置一个活动主题，用户“关注—评论—转发”，有机会赢得奖品。

(1)关注企业微博，成为微博的粉丝；

(2)评论留言，参与活动；

(3)转发评论到自己微博，让更多的人看到活动消息。

为了降低用户门槛，有时候企业只设置转发就有机会赢得奖品。

微博搞活动的好处是，企业不需要煞费苦心搭建活动平台，就可以直接利用微博平台来举办活动，往往只需要准备些奖品即可。而且借助微博平台，微博用户可以非常方便地参与活动。省去诸如注册等环节，降低了活动的参与门槛。而且微博的转发功能，能够利用病毒传播，让更多的人知道活动，扩大了活动的影响力。最后，通过不断的活动积累，用户可以沉淀成为企业的粉丝，每次活动都可以收到活动信息，成为CRM潜在客户关系沟通的重要平台。

@索尼爱立信V：索尼爱立信Greenheart™低碳宣言活动开始啦参与形式：1、加#索尼爱立信#粉丝2、以评论并转发的形式发表你的低碳宣言or环保心得 我们将从所有评论转发的粉丝中选一位最佳环保标兵，奖励索尼爱立信咚咚球毯并随机抽选5位粉丝，奖励环保卡片夹快来说出你的低碳宣言吧　原文转发(97) | 原文评论(96)

【第三期低碳宣言活动开始啦】：微博写低碳宣言，赢取神秘纪念品——“低碳精灵，太阳能环保灯”。这是一个神秘的罐子，它能收集阳光。白天搁在阳光下不用管它，到夜里就能自动散发出那种橘红色的温暖。在本贴下方“评论”里写下您的宣言，即可有机会获奖哦！ http://sinaurl.cn/h8fGu

收起 | 查看原图 | 向左转　向右转

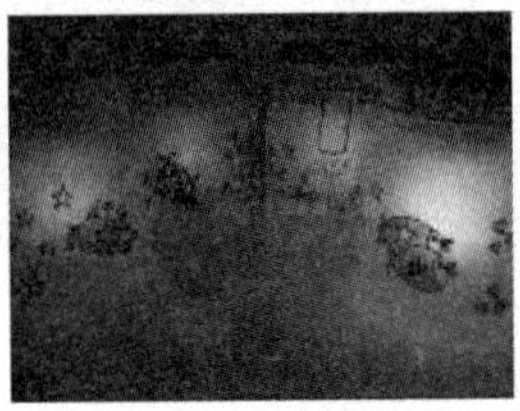

回复@kmi82:恭喜您！您的留言被评为了十佳宣言。请将联系方式发微薄私信给‘招商银行新浪官方微博’博主，我们收到后会跟您联系并派发奖品。资料填写格式如下：【十佳宣言】真实姓名：******联系电话：********邮寄地址：*******。 谢谢您的参与！

@招商银行V：【关注、转发、评论，三个粉丝一棵树】 3月10-12日，只要您关注招商银行围脖，留下您的“绿色行动宣言”，或转发该活动信息，每3个网友参与，招行就将在“百年招银林”种下一棵树苗，十佳宣言更有好礼相送。05年以来，我们累计植树逾5万棵；今年的植树节招商银行和您一起，践行绿色金融低碳行动！
原文转发(594) | 原文评论(400)

3月15日 16:11　来自新浪微博　　转发(4) | 收藏 | 评论(4)

【十佳宣言】【关注、转发、评论，三个粉丝一棵树】截止至2010年3月12日24点，我们共收到了606条有关该活动的评论，我们从中评选出了10条最佳宣言，并送出“珍藏版Artini金葵花摆件”以做奖励，获奖者请将联系方式发微博私信给“招商银行新浪官方微博”博主，我们收到后会进行联系并派发奖品。

3月15日 15:41　来自新浪微博　　转发(2) | 收藏 | 评论(10)

【关注、转发、评论，三个粉丝一棵树】感谢各位博友对招行该活动的关注和支持，截止至2010年3月12日24点，该活动已告一段落，我们统计共有14283位粉丝“关注、转发、评论”了该活动，招行特此承诺今年五一前在“百年招银林”植树不低于4761棵，以感谢各位对我们的信任，坚持履行绿色金融低碳行动！

3月15日 15:30　来自新浪微博　　转发(10) | 收藏 | 评论(13)

有意思的是，“关注—评论—转发”三个环节，体现了互联网媒体活动的特点：

(1)关注。体现互联网作为媒体的第一属性，“关注”等于订阅企业的微博，企业微博上发布的信息，“关注”用户可以在第一时间同步看到。

(2)评论。明确要用户做什么，有什么好处(奖品)。

(3)转发。利用互联网的社交纽带，形成病毒传播，发挥互联网的价值最大化。用户转发消息，消息将在自己的微博上出现，他的粉丝也将看到该消息，引发链式的交互，形成病毒传播的扩散。

图 6-8 某新浪微博用户的个人界面，可以看到，她关注欧莱雅等多个企业的官方微博，参与其活动。

图 6-12　新浪微博用户的个人界面

评估 ROI 的投入产出回报，以此评估效益，这是网络社区营销的重要内容。笔者以为，在企业的整合营销中，网络社区扮演着与用户(或潜在用户)沟通的平台角色，这和传统媒体及传统广告的单向传播角色不同。因此，企业需要把网络社区营销放到整合营销的高度来看待，搭建网络社区平台，利用好这个平台，与用户进行持续的对话与沟通。在具体活动中，不仅需要借助网站自身的推广，更要借助其他媒体的整合传播，将活动信息传递给更多的用户，让他们关注(甚至参与)社交网站平台上的互动。借助整合传播，企业可以向用户传递品牌的重要声音：我们在社交网站上有沟通平台，期待在社交网站上与您结成长期的伙伴关系。

所以，在初期，企业不应再用传统的 ROI 方式来评估网络社区营销，而要用投资的角度，着眼于品牌战略的高度，进行长期的培育。网络社区上的用户必然会感受到企业的良苦用心，感受到企业对消费者负责人的态度，感受企业平等对话沟通的企业文化。长期保持这样的用户口碑传播，必然会给企业带来长期的品牌增值。

web2.0 由窗口变柜台　戴尔微博营销[①]

截至目前，戴尔在 Twitter 上的账号@delloutlet 拥有粉丝超过 150 万，而与微博相关的营销收入超过 700 万美元。除了开拓多元的电子商务渠道之外，戴尔在与客户的沟通方式也开始借用 web 2.0 元素。

据媒体报道，当很多企业还把博客、微博作为企业品牌宣传的窗口时，戴尔早已经把这个窗口变成可以营利的“柜台”。截至目前，戴尔在 Twitter 上面账号@delloutlet 的粉丝超过 150 万，而与微博相关的营销收入超过 700 万美元。

不过，迈克尔・巴克却语出惊人：“想直接用微博来赚钱是错误的。”在迈克尔看来，博客、微博等社交媒体手段的主要目的是提供企业与客户之间直接沟通交流的新途径，销售只不过是副产品。如果企业推博

① 亿邦动力网，www.ebrun.com。

客、搞微博的直接目的是想赚钱，大多会以失败告终。

他认为，在线营销过程中，要避免对在线方式的滥用，这些新途径的重要功能是帮助企业和客户更好地相互了解，并不是直接产生销售行为："在博客中推销产品会很让人产生反感，因为客户并不想直接从博客上买东西。"

就在3月初，戴尔在新浪网上的官方微博也正式开通，目前已经有近万名粉丝。戴尔大中华区消费者事业部直销业务总经理陈建豪在其博客中写道："作为全球电子商务引军人之一的戴尔，我们很自然地在战略上做下决定：中国将是戴尔继美国以后，通过社会性媒体和用户进行沟通的另一个前沿阵地。"戴尔的企业博客则开通于2006年7月份。三年多来，戴尔中国的员工已经在上面写下了近千篇博文，涉及的领域除了戴尔本身的产品之外，还有许多与教育、环保、社会责任相关的文章。

迈克尔·巴克谈到，戴尔在全球有10万人，在中国有6000人，通过博客、微博等社交媒体，可以聚集大家的力量来解答客户关心的问题，以帮助戴尔更好地服务客户，改进产品研发设计。

谈到国内的企业博客，很多企业都把写博客当成政治任务派发给员工，或者采用一些激励手段，但时间都不长，很难持续。对此，迈克尔·巴克表示，戴尔的员工，包括戴尔先生本人，坚持写博客，是因为戴尔的公司文化使然。因为戴尔本身就是以一家直接营销的公司，与客户交流并获得反馈，是一件让员工很兴奋的事情，这会让他的工作更加有效。

校内网对大学生用户黏性显著

2009年度中国平安励志计划创业大赛针对目标人群——中国大学生的网络媒体接触特点，通过校内网为主平台，辅以土豆网病毒视频传播及腾讯客户端定向，进行组合网络媒介投放，取得超出预期的良好效果。

Alexa中文站的数据显示，对于目标用户大学生而言，校内网(2009

年改名人人网)的用户访问时间明显超过其他网站。最终的效果，再次证明我们最近得出的结论：网站的精准度和用户黏性，对投放转化效果影响显著(非常重要的结论，上半年的承诺活动，以及一账通投放等，结论都吻合。可以用来预测广告投放效果，指导广告投放)。

此外，通过 Google Analytics 对活动全程的数据(包括站内点击)进行监控，活动平台 53.21%的流量来自广告投放网站，直接访问网站的用户为 46.48%，搜索引擎为 0.31%，说明线上线下的联动推广，对活动的最终效果保障起到了重要作用。

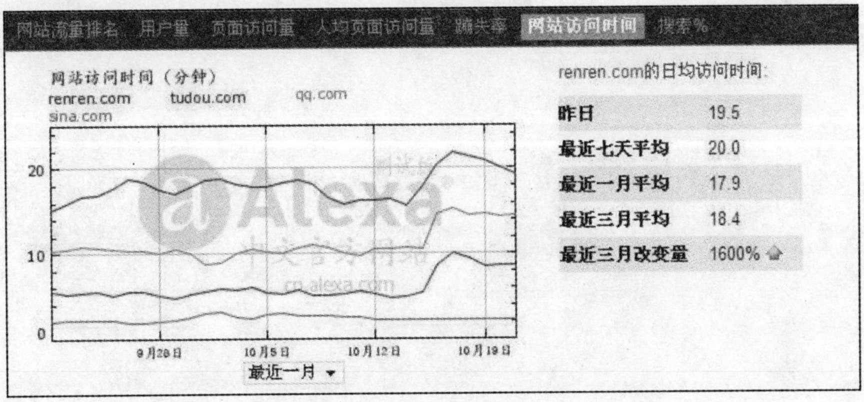

下图所示人人网是以高校大学生圈子为纽带的社交网站，具有很高的用户忠诚度。

人人网社交网站

Facebook 的广告效果分析①

web 2.0 时代以后，网络广告会朝向"参与式广告"发展。

近日外电报道，根据博客 Inside Facebook 的估计，Facebook 营收可能超过 10 亿美元，相较去年的 7 亿美元大幅成长（Facebook 未上市因此未公布财报，收入情况仅能推估）。在欣喜社交网络迈上收入增长之路的同时，却有众多广告主在抱怨 Facebook 的广告效果不好。

---

① 艾瑞网，作者黄绍麟。

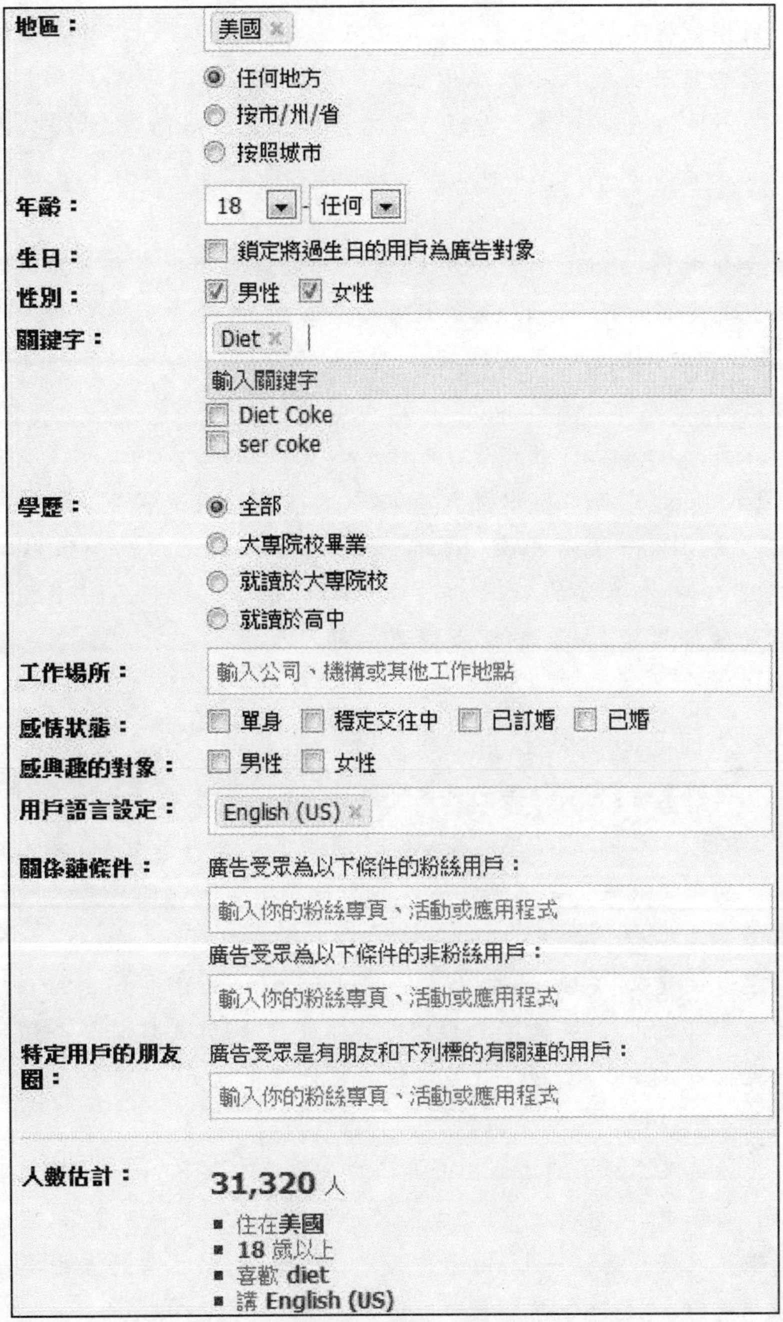

Facebook 的广告效果分析

所谓效果不好，主要反映在广告点击率仅0.04%（广告点击次数除以广告显示次数），相较其他社区网站尚有0.1%的点击率实在太低。虽然有人主张网络广告的效果不应仅以点击率衡量，然而网络广告就是要诱发用户互动，如果广告没点击，那跟买传统媒体广告没区别了。

要分析Facebook的广告效果，我们可以从它的刊登广告界面开始看起。其实要购买Facebook的广告十分容易，只要在浏览器打入下列网址，就可以开始填写广告标题，内文，上传图片，之后选择广告要曝光给谁看到（年龄地区性别学历等），使用信用卡付款即可。

在Facebook上刊登广告：http://www.facebook.com/ad。

Facebook广告之所以那么令广告主期待的重大原因，就是广告主在历史上头一次有机会“看到”广告阅听大众是谁。一张张真实的照片，一个个真实的人，这可不是“男性，20到30岁，白领”这种很模糊的统计描述，而是面貌清楚的一群人。广告主的兴奋完全可以理解。

- **为何Facebook广告效果不好**

从上图来看，刊登广告的时候可以选择目标对象的居住地区、年龄、性别、学历、工作地点、情感状态、语言，甚至可以输入关键词，感觉非常全面。画面的最底下会根据你输入的条件显示出可能的广告对象的人数有多少。

笔者试着以“美国，18岁以上的男性与女性，语言为English(US)，对减肥有兴趣的人（关键字Diet）”为条件进行筛选，发现符合条件的广告对象仅有31000人。然而，美国的减肥行业很庞大，不可能仅有3万多人想减肥。

上述结果意味着想卖减肥产品的广告主没法在Facebook得到很大量的广告曝光，因为人太少，广告主只好把关键字的条件去除，以获得最多的曝光人数。这样一来，由于广告定位不够精准，广告的点击率低是可以想见的，这或许能部分解释为何Facebook效果不好。

在这里就要问一个关键问题：为何下了关键字条件之后，潜在广告受众的人数大量减少？由于关键字代表着用户的喜好，用户关注的事情，广告主的广告如果跟关键字匹配，将可以得到最佳的广告点击率。看来，Facebook的广告后台系统还差了一步：将用户下标签。

• 替用户粘贴兴趣标签

每个人头上都有一堆看不见的标签："男性"、"大学毕"、"已婚"、"小孩三岁"。这些传统人口统计变项大部分广告主不陌生，用在营销上也行之有年。广告主期待的是Facebook之类的社交网络能提供跟兴趣或意图相关的标签，例如"喜欢登山"、"觉得自己过胖"等等。

社交网络应该有一套"替用户贴标签的系统"，从用户发表的文章、讨论的话题、分享别人的内容等进行数据分析，然后帮每个人打上兴趣标签。这样的系统正是与Google的广告系统不同之所在，Google的后台系统是在帮网页贴标签而不是人，社交网络应该要帮人贴标签。

这样的系统值得社交网络公司去努力，因为这会让网络广告的发展进入全新阶段，与目前当道的搜索引擎竞价排名广告平分天下。Facebook是否有这样的系统笔者并不清楚，只是从目前结果来看，显然不能令广告主满意。至少，对Diet有兴趣的美国人不只有三万人。

然而，就算有了这样的系统也仍有相当程度局限性。Google的关键字广告有个基本假设：你会搜索这样的关键字表示你当下关心这件事。而Facebook就算把用户头上都贴满兴趣标签，却依然没法猜测用户当下感兴趣的是什么。人类复杂而多元，长期兴趣可能不代表当下需求。

• 迈向参与式广告

因此，我们应当从"刊登文字/图片广告给用户看"这种单纯的模式中弹出来。事实上网际网络进入 web 2.0 时代以后，网络广告会朝向“参与式广告”发展。也就是说，广告刊登仅是一个吸引用户注意的手段，重点是引起用户在 Facebook 里面与广告主的品牌互动。

最早的网络广告，衡量效果的标准是“曝光多少次”；后来的网络广告，衡量效果的标准是“点击多少次”；2.0 时代的网络广告，衡量效果的标准应该是“有多少人参与”。Facebook 的品牌粉丝专页，结合网络营销活动，加上 Facebook 广告，一连串的操作才能有最佳效果。

Facebook 广告效果不好，多少也与广告主本身还在摸索操作方法有关。科技的进步快速，广告主好不容易习惯了以 CPM 计算广告曝光次数的网络广告，没多久出现计算点击次数的搜索引擎竞价排名广告，社交网络发展不到五年，又开始要学习新的操作手法。

广告主对于 Facebook 的兴趣仍持续不减。毕竟唯有社交网络这种类型的网站能发挥病毒式传播的效果，相信这会是 Facebook 能持续从网告收入上得到增长的重要原因。至于用户到底高不高兴自己的头上被贴满了标签？那又是另外一回事了。

ADVERTISING 企业网络口碑和声誉管理方法

随着网络论坛、博客、IM 即时聊天、搜索引擎等 2.0 网站的兴起，企业面临的网络公关环境日益复杂。如何有效诊断企业的网络声誉状况？如何采取有效的网络声誉管理办法？

- **社会舆论形态变化洞察**

从“艳照门”事件，到“虎照门”事件，汶川地震期间的“范跑跑”事件，到“三鹿”奶粉事件……网络日益成为事件传播的主阵地。有趣的是，以“XX 门”为代表的网络语言，成为热点话题的代名词，成为“病毒传播”的重要符号载体。

汶川大地震后，范美忠老师将其自救而不救学生的行为公布到网上并为自己进行辩护——这个事件由于其特定的背景和涉及人类伦理道德而迅速形成网络热门话题。由于“范跑跑”一词更简单更容易记忆，也更具有事件代表性，快速取代“范美忠”，成为网络事件的代名词并流传起来。

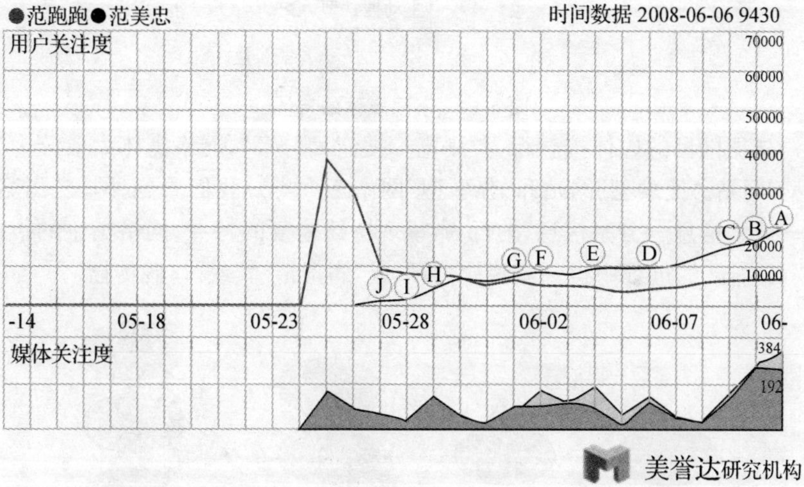

图 6-13　网民对“范跑跑”的关注度大大高于“范美忠”

同样的，“俯卧撑”、“打酱油”、“雷”、“囧”这样的网络语言广泛流传，这标志着舆论网络化的重要变化。网络语言的出现，不仅体现网络“全民参与”的特色，更体现网民以“非主流语言”来表达态度的强烈倾向。在泛大众化语境下，有人戏称“广告不如软文，软文不如娱乐，娱乐不如八卦”，企业所处的公关环境发生巨大变化。

- **BBSN 企业声誉管理系统**

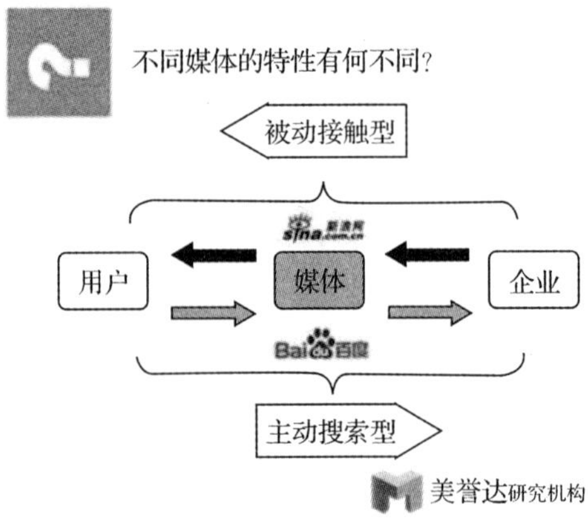

图 6-14　不同媒体的特性

根据网民的媒体接触行为"浏览—搜索—分享"，网络媒体大致分为"浏览型"网站、"搜索型"网站和"分享型"网站三大类。我们看到，网民"浏览信息—搜索信息—分享信息"的行为，呈现持续往复的特点；网络舆论的传播，在"双循环"的过程中得到震荡放大，形成"病毒传播"或"口碑传播"。

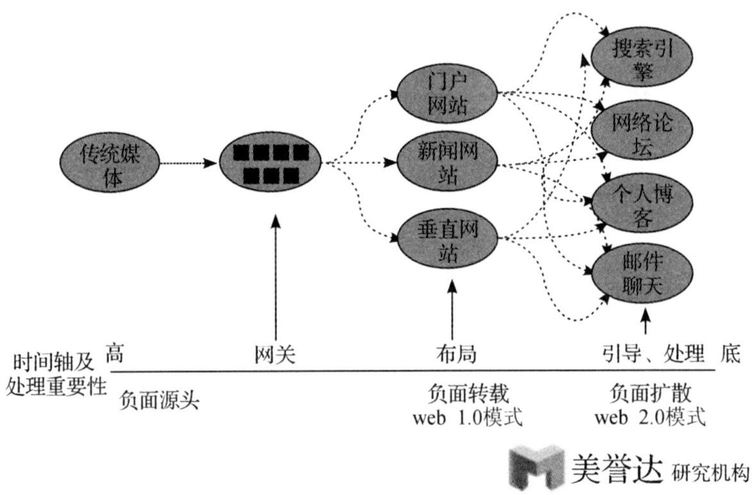

图 6-15　企业网络负面消息扩散的"双循环"模型

注：从左到右：传统媒体到个人媒体的扩散；从右到左：个人媒体到传统媒体的扩散；往往，重大的舆论事件就是这么的来回的振荡，吸引越来越多人的关注与讨论。

在日常公关工作中，企业应全面管理自身的网络声誉。应利用 B 博客＋B 论坛＋S 搜索引擎＋N 新闻，包括视频网站、SNS 社区等，形成覆盖社会化网络媒体的口碑监测体系。该体系引入“网站影响力权重”、“信息属性分类”、“网民关注度和态度”和“信息扩散态势和路径”等定性和定量指标，可以全面系统地评估企业或管理者的网络声誉。

通过该检测系统，企业可以纵向了解自身的网络口碑，亦可以横向了解和比较行业内其他企业的口碑。通俗地说，此即“企业网络声誉的全面体检”。通过“体检”，企业可以全面了解自身的网络声誉，了解自身和同行业的网民口碑；同时，企业可以及时发现潜在的舆论威胁——客户投诉、对公司管理和运营的质疑、股民谣言、竞争对手攻击、社区矛盾等，及时采取改进措施或防范措施；当然，企业亦可以洞察公众、消费者和投资者的期待，发现对企业有利的言论，诸如针对服务的表扬、好的消费体验等，把握机会进行“二次传播”，提高企业的美誉度。

- **BBSN 企业网络声誉管理解决办法**

在 BBSN 企业网络声誉监测系统的基础上，系统的企业网络声誉管理主要分为日常网络声誉管理和危机管理两部分。

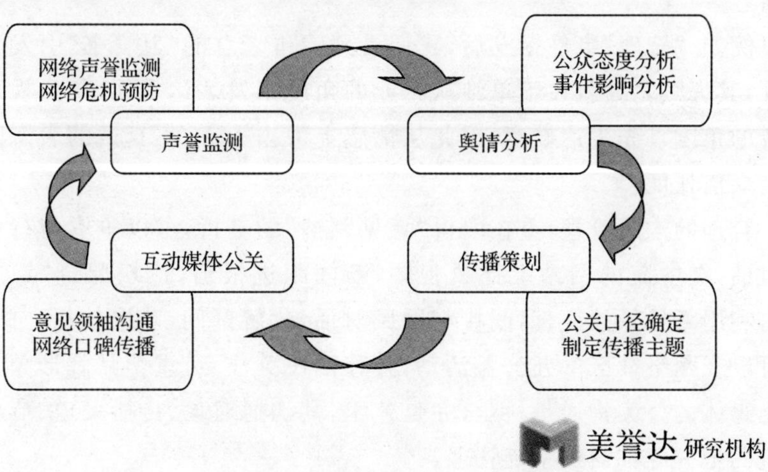

图 6-16　网络声誉管理流程图

日常的网络声誉管理是系统工程，尤其重视主流网站编辑的沟通维护，搜索引擎的SEO优化和SEM营销管理，社区论坛的版主和意见领袖的沟通。首先，主流的网站，包括门户网站和行业垂直网站，拥有比较高的公信力和影响力，具有“事件聚焦”和“议程设置”的功能，应与编辑保持沟通，建立畅通的沟通渠道。其次，搜索引擎是用户深度查询信息的工具，影响企业敏感关键词的搜索结果，必须进行系统的优化管理，形成正面的公众认知。最后，社区网站，包括论坛和博客等，需要与版主和意见领袖建立沟通管道，以形成有利于企业的正面形象认知。总之，网络只是传播的渠道，人与人之间的沟通是公关的本质。

公关危机是人的危机，企业遭遇公关危机后，正确的态度和合理的沟通管理，是转危为机的两大要素。我们认为，“所有的危机本质是人的危机”，所谓“人的危机”，指企业面对的绝不是单纯的传播管理，而是从本质上洞察危机的根源，找出利益相关者（客户、媒体、意见领袖等）的关切点和利益点，感同身受，换位思考，在此基础上制定合理的沟通策略。我们需要判断，哪些负面新闻和评论有星火燎原的能力和趋势，针对这些评论迅速采取行动，与发表评论的人联系，或发表澄清、反驳资料。

例如，“三鹿”事件爆发后，我们看到蒙牛老总的“万言书”引发公众质疑，其失败之处就在于单纯从企业的角度出发表达委屈，却忽视从消费者的角度首先表达歉意，因此从情感上失去人心，不真诚的表态降低了公众信任度。

合理的沟通管理，重在取得“意见领袖”的支持，可以争取与行业专家对话，在主流的网站上播放视频，新闻跟进报道，论坛配合“二次传播”，利用意见领袖证言，间接与网民对话，化解疑问，获取信任。此外，还可以在网络社区举办公益活动，转移网民关注点，重塑品牌形象。社会化媒体的公关沟通是科学，亦是艺术，其沟通对象、传播渠道、节奏和时机的把握等都需要系统管理。

Comcast 公司的网络公关管理①

很多人都有这样的经验,电信公司、有线电视这类服务公司的电话支援人员,要么懂的还没有客户多,要么是想花钱时很容易,想退掉服务时比登天还难。

Rebecca 就碰到这种事情,她想取消订阅的 Comcast 付费网络电视服务,打服务热线惹了一肚子气,也没有取消掉。所以她在 Twitter 上发了一句抱怨。没想到几分钟后,Comcast 的公关人员就在 Twitter 上回复 Rebecca,询问怎么回事,并且迅速解决了她的问题。很明显,Comcast 的公关公司有专人在不停地监控主流社会化网络是否出现自己的名称和负面新闻。Comcast 是否知道 Rebecca 属于在网上有兴风作浪能力的那类人,并不清楚。但无论如何 Comcast 确实是把一个很大的可能隐患消灭在摇篮中。

• 网络口碑营销公司的选择

目前市场上的网络舆情服务机构大致可以分为四类:第一类由软件公司和传统的市场调查公司成立,技术实力较为雄厚,抓取网络舆情数据能力较强。第二类依托主流媒体,如人民网舆情监测室,对时事热点和受众心理变化的敏感度较高。第三类背靠高校或学术机构,如中国传媒大学网络舆情(口碑)研究所、中国人民大学舆论研究所。这类机构具有学术传统,善于将网络舆情的变化和特点归纳、梳理,总结一般规律。第四类则由政府部门自身成立,主要监测群众对本地区、本部门工作的反馈。

网络舆情市场(所谓口碑营销公司)的三大业务:监测(分析)+灌水(写帖图文)+删帖(网站公关)。各家公司擅长的点不同,有擅长监测软件和调研分析的;有擅长写帖引导舆论的;也有政府和网站关系背景擅长删帖的。多数口碑营销公司具有监测和发帖的能力,少数具有网站公

① comcast:《twitter 改变了公司文化》,http://tech. sina. com. cn/i/2009-10-21/11043525159. shtml 。

关能力。企业可以根据需要选择适合的口碑营销公司。

从企业道德而言，笔者并不建议企业采取匿名发帖或删帖的方式，而建议企业采取诸如公司官方微博营销等公开的方式，与消费者进行对话，建立透明的社会形象，提高公众对企业的信任感。通过公司官方微博等渠道，与消费者进行咨询投诉的沟通，化解消费者遇到的问题和抱怨。

第 7 章

搜索引擎的营销和公关

搜索引擎营销,英文作"Search Engine Marketing",简称 SEM。意为根据用户使用搜索引擎的方式,利用用户检索信息的机会尽可能将营销信息传递给目标用户。简单来说,搜索引擎营销就是基于搜索引擎平台的网络营销,利用人们对搜索引擎的依赖和使用习惯,在人们检索信息的时候尽可能将营销信息传递给目标客户。

ADVERTISING

搜索引擎对品牌价值的贡献

最近，世界十大市场研究公司之一的明略行(Millward Brown)Dynamic Logic的调查研究证明，搜索营销除了能带来大流量的点击率、提升销售，还能达成一般互联网广告所能达成的营销目的，如提示品牌认知和在线广告认知、加强信息关联、提升品牌喜好度、达成购买意向。而且，由于搜索营销的技术优势和科学性，还能通过关键词锁定用户的兴趣和需求倾向，更精准定位目标客户群。从这个意义上说，它甚至更优于一般互联网广告。搜索营销能有效提升品牌价值，已得到业界的广泛认同。

为了直观展示搜索营销的效果，MB Dynamic Logic专门针对搜索营销和自然搜索进行了一次调查。活动选取汽车和洗发水两个行业，通过Light Speed平台为两个行业各自邀请三组客户(随机分配，每组200人，每组样本之间人口特征基本相同；其中汽车组客户为过去1年内买过汽车或者在将来1年内打算购买汽车的人，洗发水组为在过去3个月内使用过洗发水的人)参与访问，分配同样的搜索任务，用指定的关键词完成搜索，进行眼球追踪试验。其中，安排一组观看没有投放搜索广告的自然搜索结果页面，另外两组观看投放搜索广告的结果页面。

调查结果表明，在搜索结果页面投放的广告，其价值不仅仅在于点击，这些广告同样有助于提高品牌价值指标，可以有效提高品牌认知度，吸引用户进一步了解品牌，提高其对品牌的好感度，并使用户表现出更高的购买意向。

好的搜索结果页广告文案能有效帮助塑造品牌形象。通过使用眼动仪观察用户浏览搜索结果发现，那些在搜索营销结果页面上投放广告的品牌总是容易受到用户的关注，这些搜索结果有助于提升企业形象。

比如，通过搜索结果页的广告投放，雪佛兰的品牌关键性指标有明显增长。搜索者会留意到搜索结果显示的具体内容，雪佛兰在这些广告中提及环保、创新、美国品牌、充满激情等品牌信息被很好地传递给消费者。同样，投放广告的清扬洗发水品牌的各项相关指标有效提高。通过这些广告，消费者对清扬的有效去除头屑、使头发柔软顺滑、保持头皮健康等广告诉求更明晰，更愿意进一步了解清扬，对于清扬的喜好度和购买意向也增强。

下图是 Google 在全球进行的搜索引擎广告价值调查，可以清晰看到，搜索引擎广告，对于消费者的品牌认知及深度访问，有重要的价值。

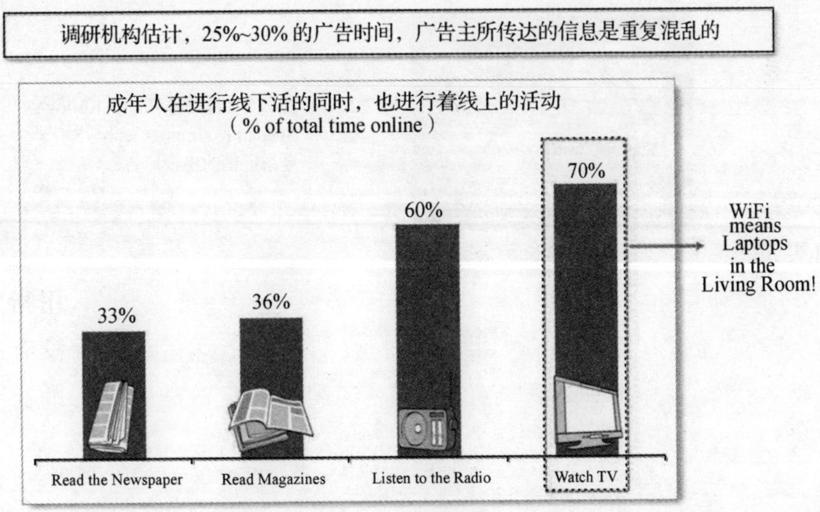

图 7-1　搜索引擎和其他媒体的关系

图 7-2　47％的英国消费者每天至少有一次是边看电视边上网

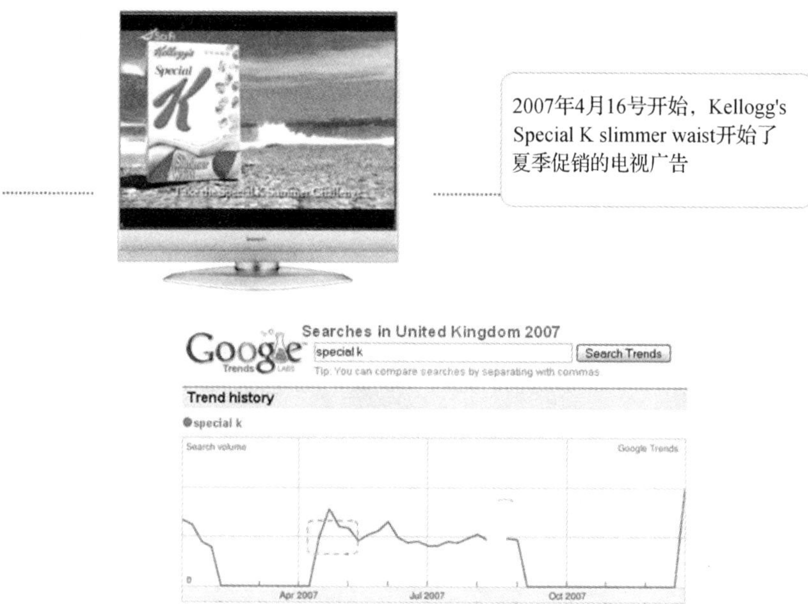

图 7-3　电视广告高峰的时候也恰恰是在线搜索的高峰

图 7-4　57％的消费者在看完电视后会搜索相关关键词

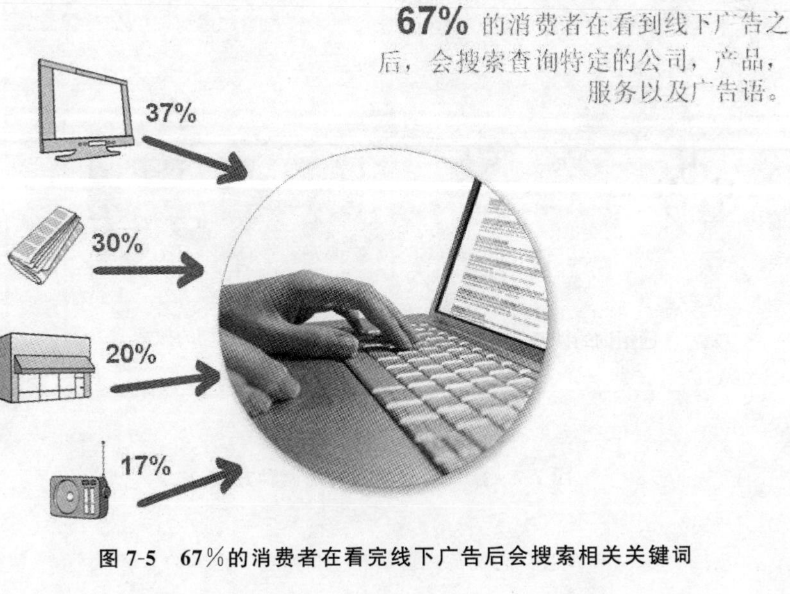

图 7-5　67％的消费者在看完线下广告后会搜索相关关键词

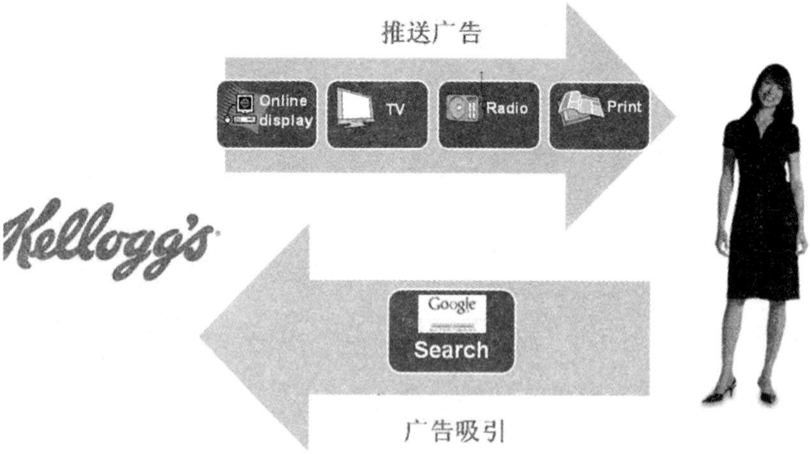

图 7-6　搜索和其他媒体相配合

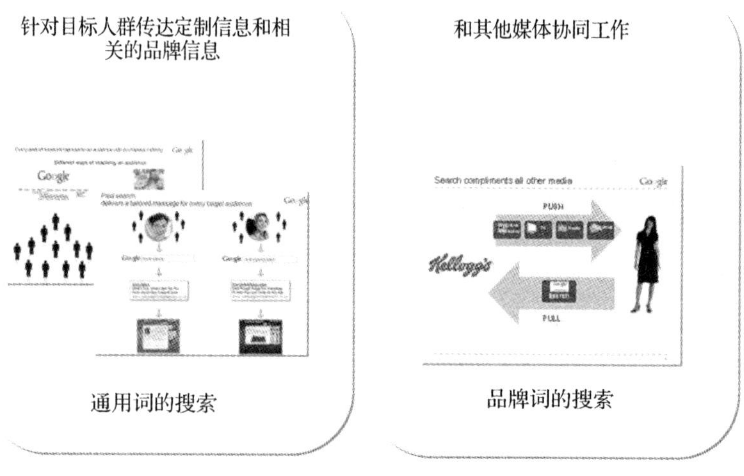

图 7-7　搜索对品牌提升的两种方式

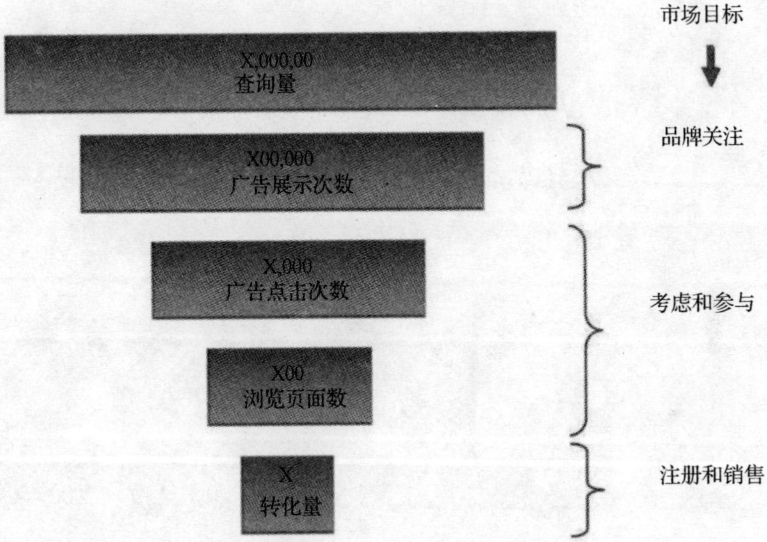

图 7-8　我们需要从搜索的全过程考量对品牌的影响

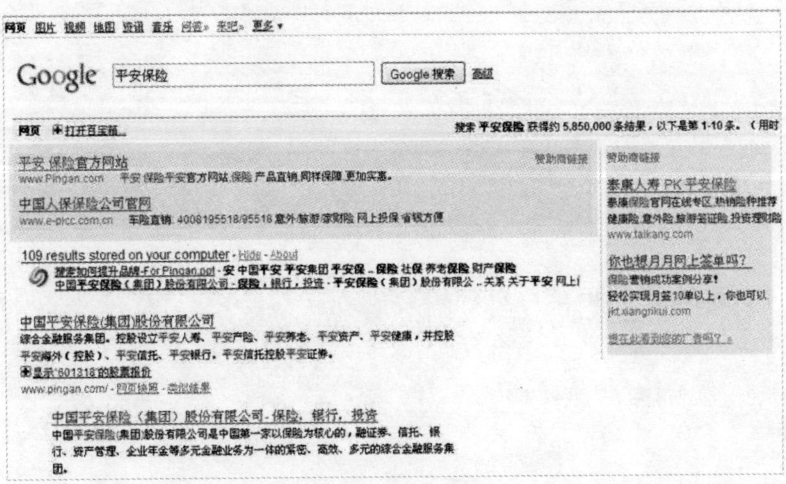

图 7-9　广告展示在搜索结果上对品牌的价值

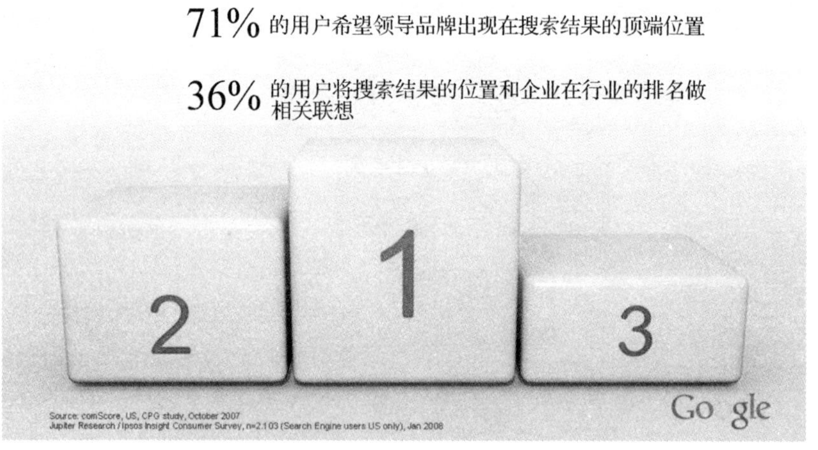

图 7-10 消费者对搜索排名的企业的联想

图 7-11 最新研究：搜索显著提升品牌

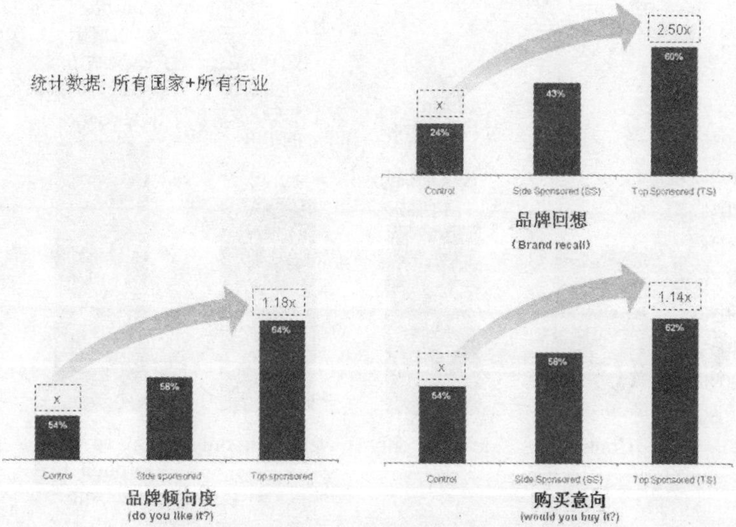

图 7-12 搜索对购买意向的提升

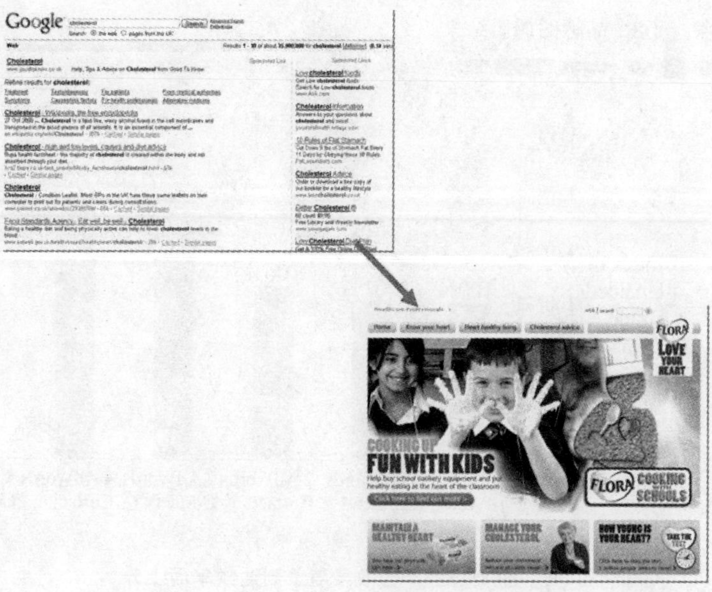

图 7-13 广告点击和网站访问对品牌的提升

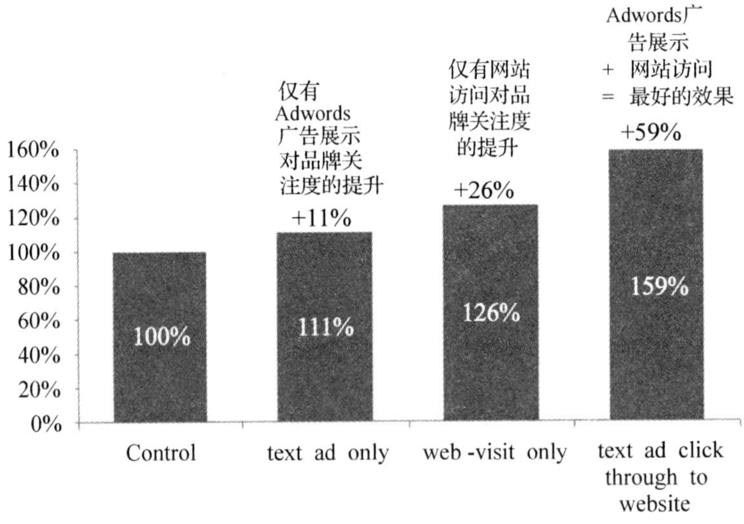

图 7-14 未被提示的品牌认知度的提升

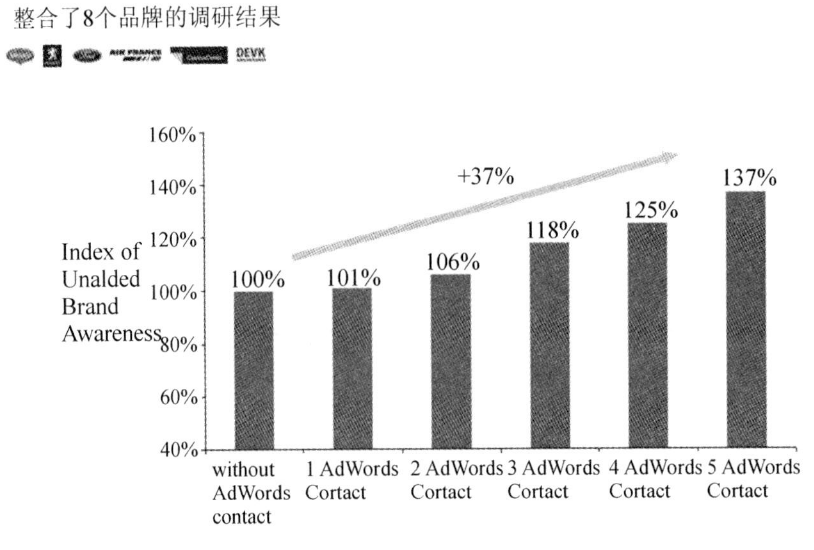

图 7-15 广告效果随着到达频率而上升

因此，在日常的广告整合传播中，应重视收集搜索引擎上的活动信息。以 2010 年宝马举办的腾讯世博网络志愿者接力活动为例，在百度上搜索“宝马 腾讯”，在第三条找到活动链接。

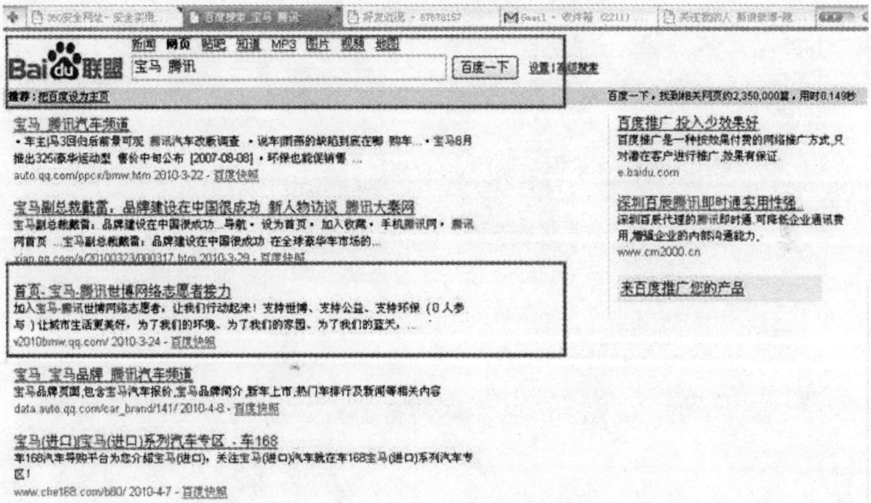

图 7-16　百度搜索“宝马 腾讯”结果页

在百度搜索“宝马 腾讯世博”，第一条就找到活动链接。

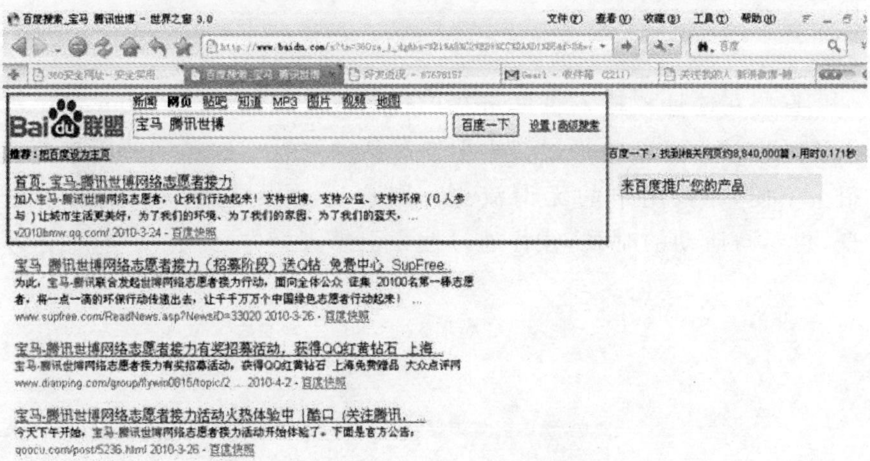

图 7-17　百度搜索“宝马腾讯世博”结果页

从表面上看，宝马网络活动的搜索引擎优化（SEO）做得比较好（实际上很多其他公司的网络活动，无法通过搜索引擎有效查询到），但点击链接却发现页面无法打开……

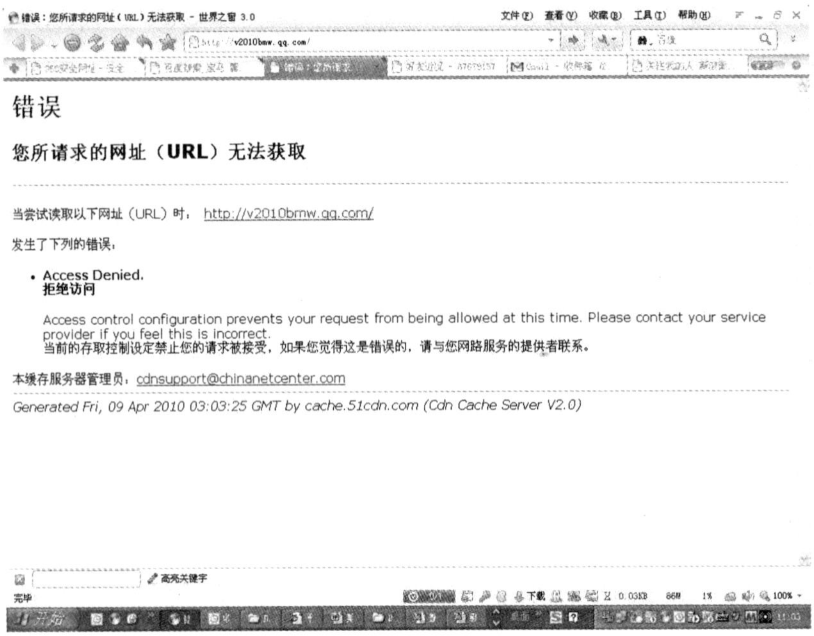

图 7-18　问题页面

直接在地址栏输入百度链接的网址 v2010bmw. qq. com 才能进入活动网站。这就给通过搜索引擎对活动进行二次访问的用户造成很大不便，导致用户的无谓流失。用户通过媒体新闻看到活动信息，想参与活动的时候，往往通过搜索引擎查询并访问。

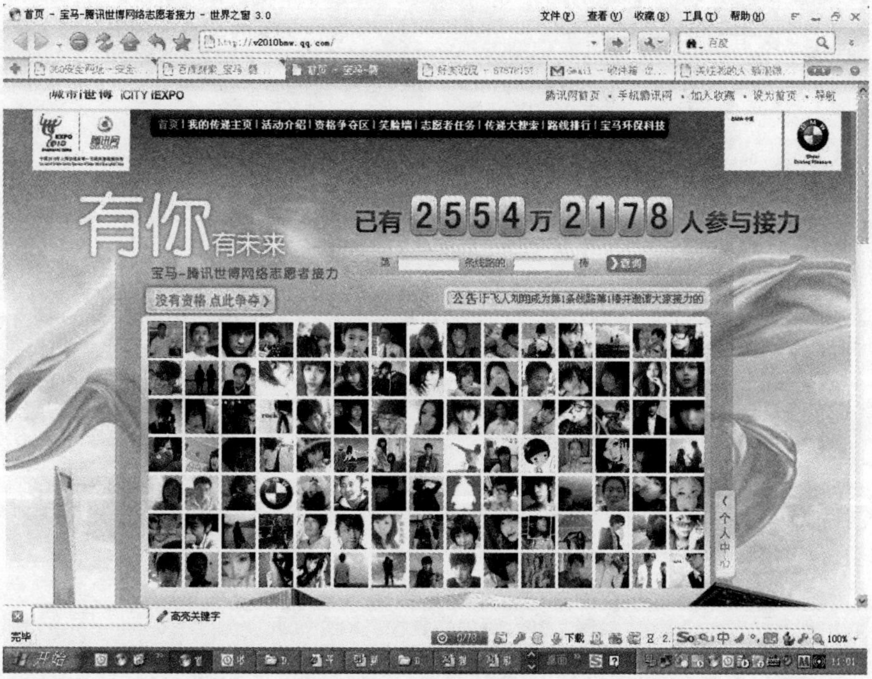

图 7-19　宝马活动的网页

因此，如果网络广告活动没有把握，笔者建议直接购买关键词广告，将活动信息的告示出现在用户常见的搜索关键词的第一条，方便用户的访问。

ADVERTISING 如何投放搜索引擎广告

初级用户不了解搜索引擎广告的投放方法，可以在百度首页下方的“加入百度推广”文字链上找到百度推广的各种产品和服务介绍。适合从小企业到大品牌等不同发展阶段的企业，从产品推广到品牌传播等需求。

图 7-20　百度广告推广的介绍页

想深入了解百度投放的具体操作管理方法，可以直接输入 http://support.baidu.com/百度帮助和学习频道。

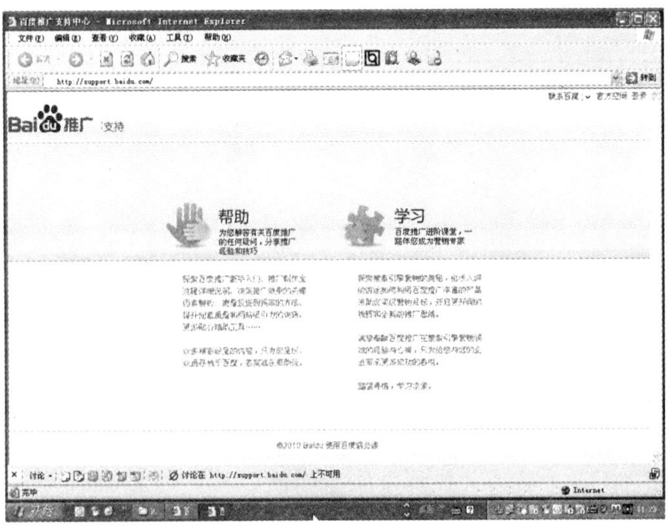

图 7-21　百度帮助和学习频道

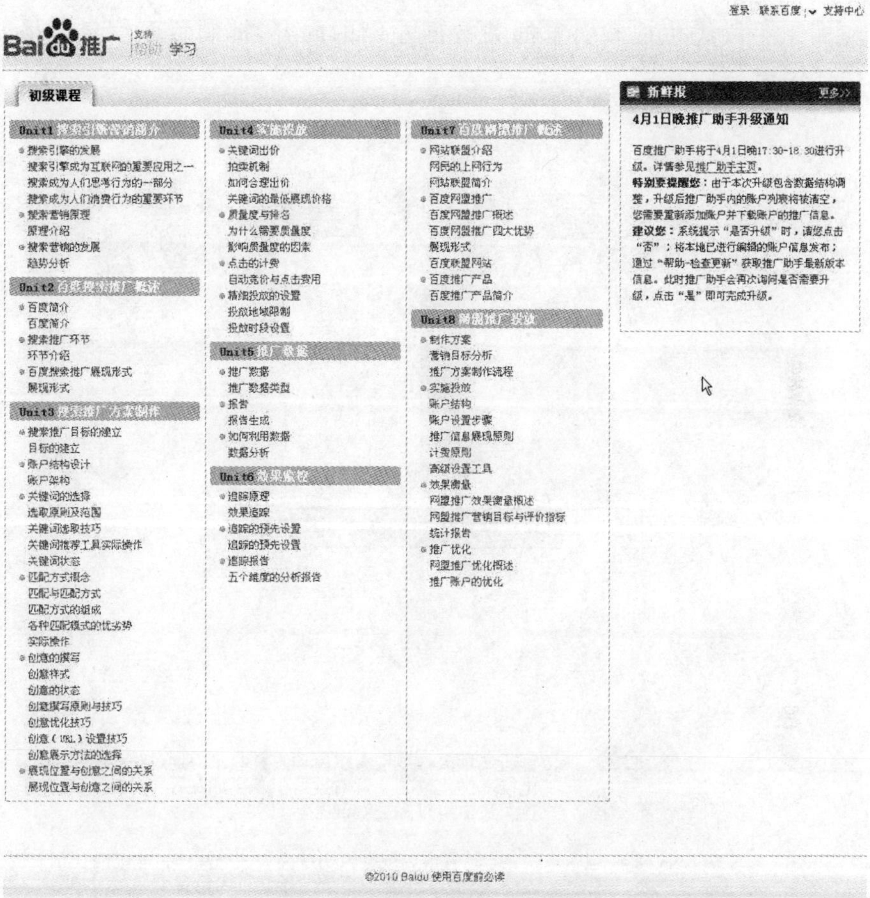

图 7-22　百度广告推广的介绍页

ADVERTISING 如何做搜索引擎的公关优化

搜索引擎公关（Search Engine PR，简称 SEPR），指企业通过技术和人工手段优化搜索引擎的关键词左侧的内容，抑制负面信息传播，传播正面信息。

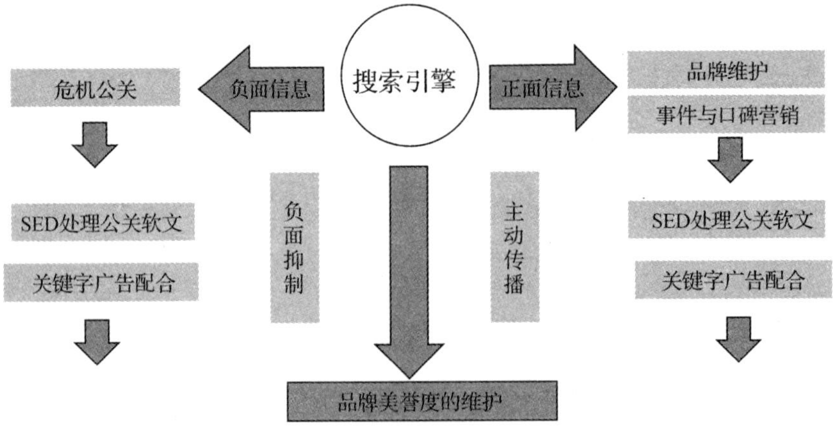

图 7-23　SEPR 搜索引擎公关的原理

	SEO PR	日常PR
工作目标	搜索引擎易于阅读并优先收录	让消费者阅读并产生主观认知
内容特点	强调目标关键词的正面文章	强调观点与影响力的正面文章
媒体选择	被搜索引擎高度关注的媒体	宣传目标受众经常阅读的媒体
工作频度	高频度、大批量的发布	按公关需求适度、定期发布
附加工作	外部链接和引用的大量使用	不断扩大相关宣传范围
	主要给搜索引擎程序看的PR!	***主要给人看的PR!***

1. 负面防御

1 客服坐席回答引导

- 由于百度知道等问答网站，会被搜索引擎优先收录，因此通过客服正面的回答引导，有利于减少负面信息，同时将正面信息呈现给潜在消费者，促进产品的购买。

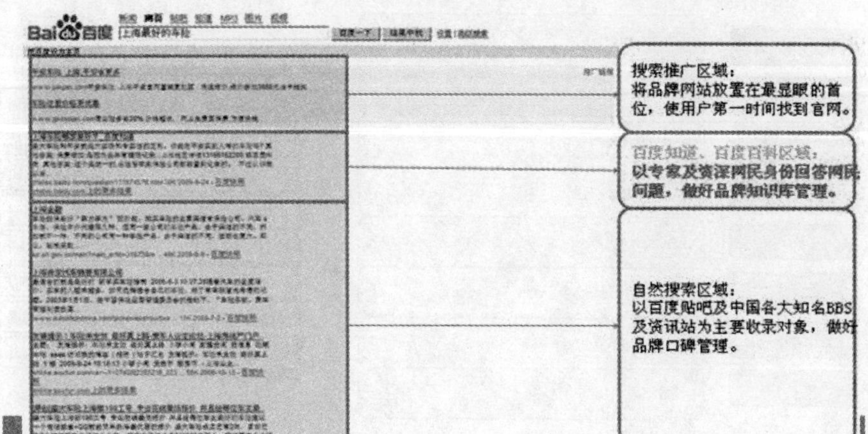

图 7-24　搜索引擎公关和普通公关的区别

2 选择的SEO权重高的网站转载

优质媒体会更受到搜索引擎的重视，搜索权重较高，同时有更好、更持久的SEO效果。

3 严重的负面：公关公司专业优化

· 如果搜索结果中，出现大量的涵盖网站、论坛的负面内容，这时候往往很难通过一般的发稿来冲下去，需要专业矩理公司来协助优化。

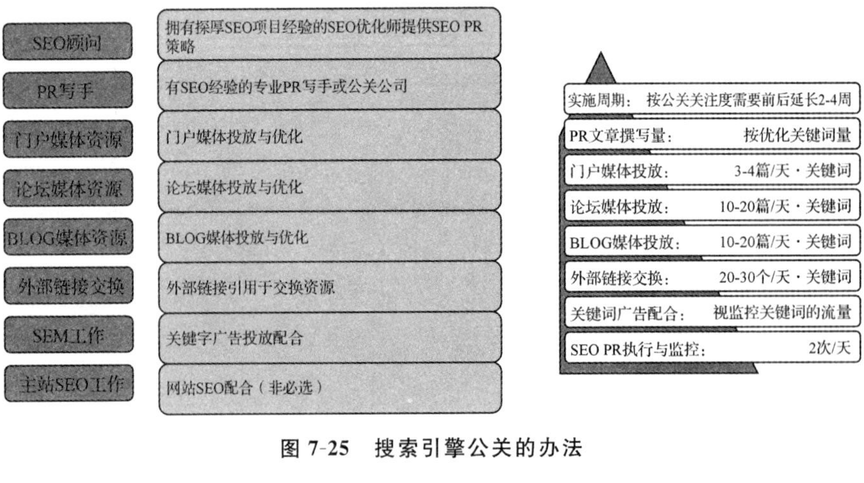

图 7-25 搜索引擎公关的办法

2. 正面引导

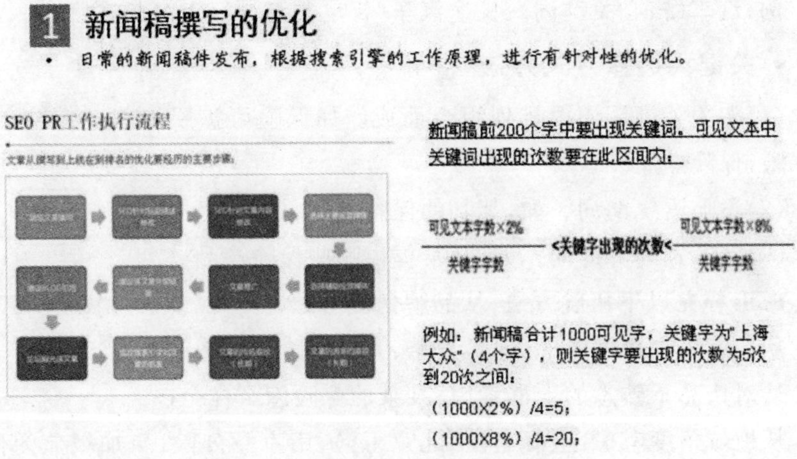

图 7-26　新闻稿撰写的优化

- **文案优化原则**

(1)符合用户搜索习惯、符合用户习惯性思维。

(2)遵循原创，唯一性原则。

(3)每一篇文章的写作以主打关键词(核心词)为目标，其他相关长尾词作为支持。

- **文案优化方法**

(1)每个段落的第一句以关键词开头。

(2)每句话的前几个字以关键词开头。

(3)用不同的关键词组合来描述。将文字中的代词换成名词(关键词或扩展关键词)，以增加关键词密度。

(4)以关键词作为图片 ALT 描述文字，可以使用主打关键词或者扩展关键词。

- **核心词和长尾词的定义概念**

(1)核心词。品牌文案围绕一个词来展开内容。

(2)长尾词。由核心词拓展出来的词汇统一叫做拓展词。它可以是核心关键词相关的解释、术语、名称等,是对核心关键词的补充。

例,汽车(核心关键词)、长途汽车(长尾关键词)、上海长途汽车。

- **关键词选择方式方法**

(1)相关关键词词根排列组合而成。如保险可扩展为养老保险、人寿保险、保险产品。

(2)添加语气助词。如,某某的保险产品、保险的种类。

(3)问答式的关键词。如,某某提供哪些保险产品。

P. S:补充以下拓展方法,从品牌角度考虑

从已有用户角度考虑:保险索赔、人寿保险理赔……

从对产品不熟悉的人群考虑:某某的保险怎么样……

从地域角度考虑:上海车险、北京寿险、南京意外险、新加坡旅游险……

从产品分类考虑:人寿保险、汽车保险……

从商品型号考虑:个人人寿保险、团体医疗保险……

从商品特点考虑:个人住院保险、个人医疗保险…………

从商品定位考虑:少儿保险,……

- **关键词选择工具**

百度搜索结果中的相关搜索、百度指数:http://Index. baidu. com。

Google AdWords 关键词选择工具:https://adwords. google. com/select/KeywordToolExternal。

例,"医疗保险",修改后需要体现的关键词为"医疗保险",长尾词为"医疗保险基金"。

SEO PR 的软文

是为补偿疾病所带来的医疗费用的一种保险。职工因疾病、负伤、生育时,由社会或企业提供必要的医疗服务或物质帮助的社会保险。如中国的公费医疗、劳保医疗。今后中国职工的医疗费用将由国家、单位和个人共同负担，以减轻企业负担，避免浪费。

他同其他类型的保险一样，也是以合同的方式预先向受疾病威胁的人收取医疗保险费，建立保险基金；当被保险人患病并去医疗机构就诊而发生医疗费用后，由医疗保险机构给予一定的经济补偿。

因此，这种保险也具有保险的两大职能：风险转移和补偿转移。即把个体身上的由疾病风险所致的经济损失分摊给所有受同样风险威胁的成员，用集中起来的基金来补偿由疾病所带来的经济损失。

医疗保险，是指以保险合同约定的医疗行为的发生为给付保险金条件，为被保险人接受诊疗期间的医疗费用支出提供保障的保险。

SEO PR 修改稿

某某人寿的医疗保险是指补偿疾病所带来的医疗费用的一种保险。职工因疾病、负伤、生育时，由社会或企业提供必要的医疗服务或物质帮助的社会保险。如中国的公费医疗、劳保医疗。今后中国职工的医疗费用将由国家、单位和个人共同负担，以减轻企业负担，避免浪费。

医疗保险同其他类型的保险一样，医疗保险是以合同的方式预先向受疾病威胁的人收取医疗保险费，建立医疗保险基金；当被保险人患病并去医疗机构就诊而发生医疗费用后，由医疗保险机构给予一定的经济补偿。

因此，医疗保险也具有保险的两大职能；风险转移和补偿转移。即把个体身上的由疾病风险所致的经济损失分摊给所有受同样风险威胁的成员，用集中起来的医疗保险基金来补偿由疾病所带来的经济损失。

某某的医疗保险，是指以保险合同约定的医疗行为的发生为给付保险金条件，为被保险人接受诊疗期间的医疗费用支出提供保障的保险。

第 8 章

如何撰写结案报告

网络广告投放完毕，需要撰写结案报告。通过结案报告，我们亦可以了解网络广告的投放需要把握的重要的考核指标。从大的方面看，网络广告的投放报告可以分为两大部分：一是广告的传播效果；二是广告的品牌效果。

所谓广告的传播效果，指网络广告的曝光量、点击量、参与人数（深入的包括注册人数、购买人数）等；还可以从性价比指标方面来衡量，如CPM（千人成本）、CPC（点击成本）、CPA（预约成本）、CPS（购买成本）等指标，用来评估不同网络广告位的性价比。对于大多数品牌类的广告而言，评估活动参与人数即可。这些指标通常由代理公司提供，企业也可以通过加广告监测代码并利用软件来跟踪。

所谓广告的品牌效果，主要看网络广告投放结束后，用户对品牌的关键指标（熟悉度、好感度和忠诚度等）的改善情况。

通常，结案报告包括以下部分：

（1）项目背景介绍。

（2）广告的总体效果。

（3）各网站的广告截图和效果分析。

（4）各网站的投放效果的对比。

（5）经验总结。

2009中国平安励志计划创业大赛网络推广总结

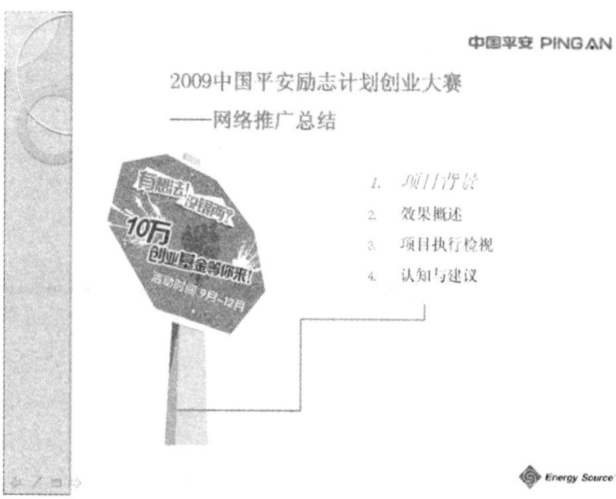

报告的封面、大纲要简洁清晰

项目的背景描述

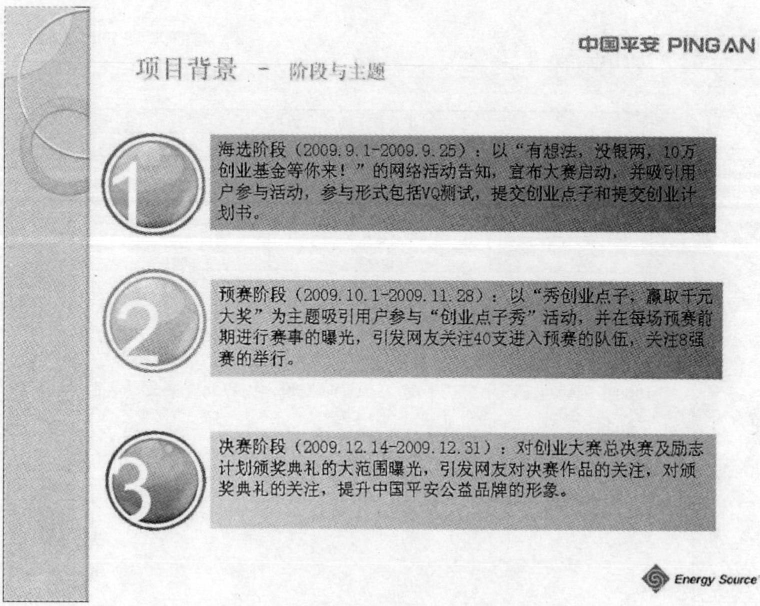

项目的几个重要阶段的描述

中国平安 PING AN

项目背景 － 媒体计划

媒体		第一阶段：海选 9月1日启动仪式 9月1日-9月24日（创业点子征集、创业摘要提交） 9月30日预赛名单公布	第二阶段：复赛 10月1日-11月30日 （创业点子征集、四个校区PK赛）	第三阶段：决赛 12月（决赛暨颁奖典礼）
校内网（线上）	预算分配	40万	9万	6万
	主要作用	宣布活动启动，创业点子、创业计划书征集，完成创业计划书及参赛战队的招募	创业点子征集，PK赛活动启动告知	决赛活动启动告知，掀起新一轮关注热点
	投放方法	启动日广告上线，征集阶段广告集中投放	配合线下分校区启动，进行曝光	配合决赛时上线，进行曝光
校内网（线下）	预算分配	16.8万	25万	35.8万
	主要作用	8所高校落地报名，参赛团队的招募以及视频拍摄	40支预赛队伍的追踪报道 举办4场PK赛	总决赛的举办，现场视频拍摄
腾讯	预算分配	12.4万	-	-
	主要作用	宣布活动启，创业计划书主要征集平台，完成创业计划书及参赛战队的招募		
	投放方法	QQ校友校园SNS社区投放		
新浪	预算分配	-	-	25.2万
	主要作用			利用新浪的高曝光量，引发网民对总决赛和颁奖典礼的关注，对平安品牌的关注。
	投放方法			集中在首页、财经、娱乐、博客、新闻频道进行曝光
天涯	预算分配	-	-	7.5万
	主要作用			在热门社区网站上对活动进行持续曝光，吸引草根网民对赛事的关注
	投放方法			天涯论坛和其他社区进行持续广告投放
土豆网	预算分配	21万	-	11万
	主要作用	网络种子视频创意策划、拍摄及剪辑制作、视频传播及热推		对决赛现场视频进行热推，有效对品牌进行二次传播
	投放方法	种子视频传播，活动平台广告曝光		种子视频传播，活动颁奖广告曝光
高校论坛	预算分配	0.6万	-	1.5万
	主要作用	四个赛区的四所知名高校论坛口碑传播		四个赛区的26所知名高校论坛口碑传播
	投放方法	活动启动曝光，征集阶段前期集中投放		对决赛阶段活动进行集中投放
总计：	255万	90.8万	35万	87万

Energy Source

项目的几个重要阶段的媒介计划描述

中国平安 PING AN

效果概述

平安创业大赛活动平台数据		
活动平台	类型	数量
	注册人数	5663
	VQ测试人数	18496
	创意点子秀	1069
	创业计划书	435
	评论总数	9084

从海选开始至决赛的圆满结束历时三个月，期间共有18496个用户参与VQ测试，有5663名用户成为平安励志同学会会员，共征集到1069个创业点子，用户选手提交计划书435份，用户的评论数量达到了9084次，效果远远超过了预期。

Energy Source

活动平台的用户参与效果描述

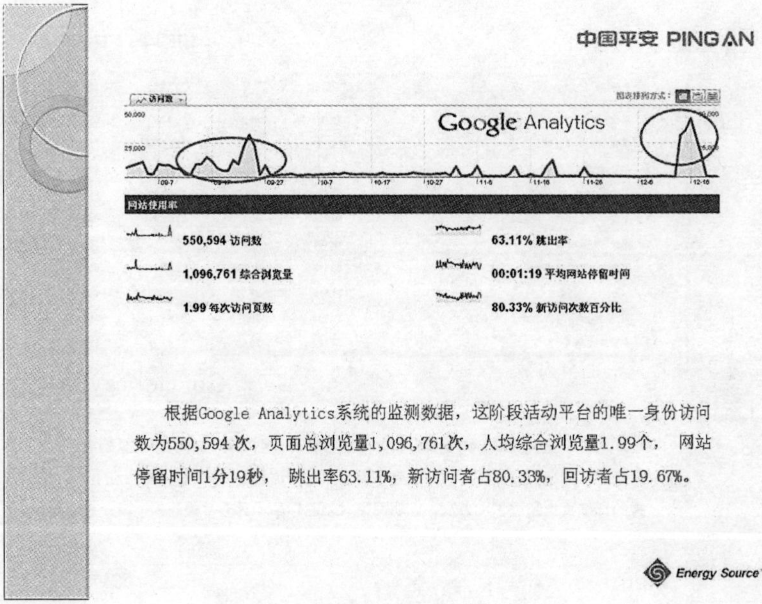

活动平台的用户访问情况描述

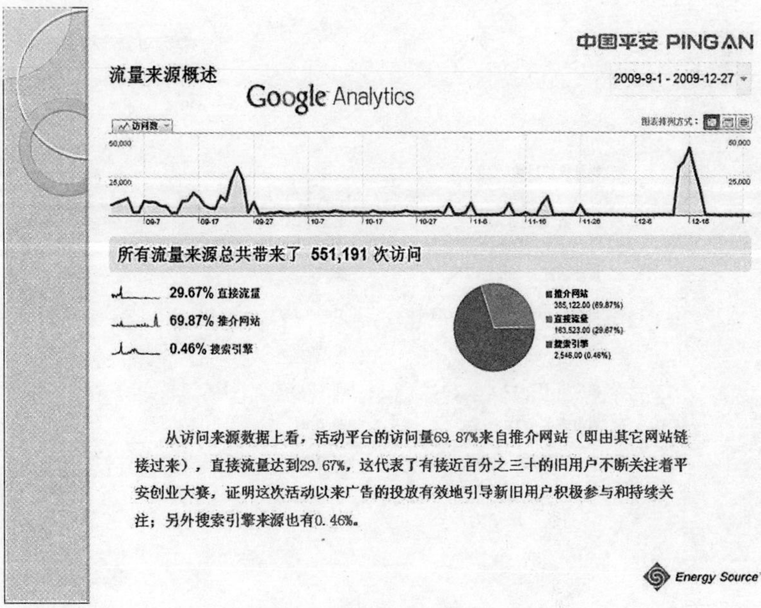

活动平台的用户访问渠道来源描述

中国平安 PINGAN

	页标题 无	综合浏览量 ↓	唯一身份综合浏览量	平均页面停留时间	跳出率
1.	平安 - 首页	431,183	392,208	00:00:52	61.42%
2.	平安-计划书详细页	171,558	142,859	00:02:19	72.89%
3.	平安-点子详细页	115,264	103,470	00:01:30	62.63%
4.	平安 - Q&A问答	53,529	41,550	00:00:32	85.89%
5.	平安 - 创业PK赛 - 创业规则	50,226	33,169	00:00:34	59.34%
6.	平安 - 创业PK赛	39,187	25,030	00:01:48	59.36%
7.	平安-计划书大赛排行榜	36,316	26,345	00:02:04	58.15%
8.	平安 - 人气指数	34,625	21,205	00:01:09	45.95%
9.	平安-创业点子秀排行榜	32,004	26,273	00:02:11	61.28%
10.	平安 - VQ测试	27,221	20,998	00:02:51	31.63%

Google Analytics

从前十位页面综合浏览量分析，除了首页外，创业计划书的详细页的访问量也非常高，超过17万次，而且平均停留时间达到了2分19秒，创业点子秀的详细页也超过了10万次，证明网民对创业作品本身非常关注。

Energy Source

活动平台的各频道的用户访问情况描述

中国平安 PINGAN

媒体广告投放 - 校内网投放情况总述

※ 媒体投放日期： 09. 09. 01 ~ 09. 12. 21

※ 点击数（Clicks）： 657, 903

※ 页面浏览数（PV）： 1, 622, 529, 653

※ 日均点击数（Average Clicks）： 6149/ day

※ 点击率（CTR）： 0. 04%

※ 总费用（Cost）： RMB 550, 000

※ 点击成本（CPC）： RMB 0. 84

※ 千人曝光成本（CPM）： RMB 0. 34

Energy Source

投放的点击和费用的性价比分析

中国平安 PINGAN

媒体广告投放 － 校内网投放效果分析

校内网现更名：人人网 renren.com

广告投放频道	广告形式	预估曝光/天	预估点击/天	总费用［总计］	投放［天数］	总曝光量	总点击量	日均曝光量	日均点击量	点击率（CTR）	千人曝光成本（CPM）	点击成本（CPC）
全站通发	点名广告顶部左侧大通栏	15,000,000	12000	304,000	14	235,487,158	219,538	16,820,511	15,681	0.09%	1.29	1.38
全站通发	擎天柱一	15,000,000	6000	132,000	11	185,648,796	110,986	16,877,163	10,090	0.06%	0.71	1.19
论坛	每日精选文字链(1条)	3,200,000	1500	30,000	13	432,541,785	22,422	33,272,445	1,725	0.01%	0.07	1.34
全站通发	擎天柱一下文字链1	3,200,000	3000	20,000	12	30,014,570	2,860	2,501,214	238	0.01%	0.67	6.99
虚拟礼物	礼物频道+新鲜事	-	-	64,000	1	-	-	-	-	-	-	-
全站通发	擎天柱二	15,000,000	3000	-	24	321,357,425	136,861	13,389,893	5,703	0.04%	-	-
全站通发	顶部右侧小通栏	15,000,000	4000	-	31	412,358,475	162,698	13,301,886	5,248	0.04%	-	-
论坛	论坛热帖文字链	3,200,000	3000		2	5,121,444	2,538	2,560,722	1,269	0.05%	-	-
MOP新闻频道	软性文章	-	-	-	2	-	-	-	-	-	-	-
MOP新闻频道	软性文章	-	-	-	2	-	-	-	-	-	-	-
Total				550,000	112	1,622,529,653	657,903	14,486,872	6,149	0.04%	0.34	0.84

※ 校内网是国内最大的校园社区网站，它拥有全国庞大的大学生群体，这与此次活动的目标受众非常吻合。平安创业大赛除了希望利用校内网的用户群外，也想充分利用它的SNS应用功能的优势，例如好友新鲜事提示和虚拟礼物转发功能，迅速使平安创业大赛在短时间内有较大的曝光，并有效的吸引用户参与活动。

※ 我们重点选择了校内进行持续性的广告投放，共获得超过16.2亿次的曝光，获得接近66万次广告点击，这次购买的擎天柱和通栏的两个广告资源都是校内网比较突出的资源，被关注程度高，获得了非常好的效果。

Energy Source

网站的各个广告位效果分析

中国平安 PINGAN

校内网广告投放截屏 － 全站通发顶部左侧大通栏

Energy Source

网站的各个广告位的截图

中国平安 PING AN

认知与建议

此次活动整体的投放效果比较理想：校内、腾讯客户端年龄定向和高校论坛等资源都是切合这次活动的目标受众，吻合度比较高，在资源有限的情况下能够尽可能扩大覆盖面；新浪的高曝光，适合平安公益品牌和活动信息的传播；土豆的种子视频适合大赛各个阶段的视频的二次传播。

但是，我们也发现有些需要改善的地方：

搜索引擎部署：

从 Google Analytics 的数据上显示，相当多一部分的网友是通过搜索引擎搜索关键字或者其他相关网站跳转到页面，因此我们有理由相信增加搜索引擎关键词和品牌专区等资源的投放，能够从另一面增加活动的曝光量，为活动带来更多的关注度和参与人数。

话题类炒作：

网上所谓的炒作现象已经变得十分普遍，有趣和个性成为普遍用户关注的热点，所以我们可以利用更多的论坛炒作和创新的种子视频，使平安创业大赛成为一个网络热点，吸引更多的目标受众。

Energy Source

总结说明，认知与建议

第 9 章

网络广告的常见案例分析

不同的企业有不同的网络广告需求，艾瑞广告先锋网站(http://www.iresearchad.com/)分类呈现不同行业和品牌广告主的广告案例及行业资讯，业界人员可以参考。

艾瑞广告先锋
iResearchAd.com
Baidu百度
YouTube

• 中粮生产队①

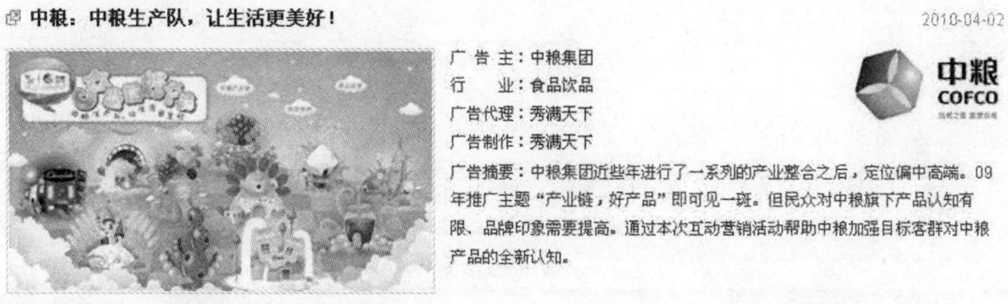

图 9-1　中粮首页

中粮的产品线不断拓宽，不过庶出中粮的众多品牌却不太为人所知。尽管地铁中悬挂着大幅广告，虹桥机场里有醒目的世博会赞助商标志，可是又有多少人知道金帝巧克力、福临门油、长城葡萄酒等品牌都出自于中粮？基于中粮全产业链概念的提出，又成为上海世博会的高级赞助商，让消费者了解中粮成为目前的首要任务。从 2009 年悦活植入开心网到“我买网”的上线，再到中粮自己的“生产队”，中粮几乎在半年内就做了几套关于网络的营销活动。

很多人说中粮生产队就是中粮开心网，对于这一说法，中粮并不认同。同是选择喜欢的产品线去种植，不同的是作物生长过程必须要朋友来照顾，中粮生产队中想要创造出好产品，必须要经过种植、照料、采收、加工、运输五个环节。在这些环节中不能靠队长一个人，必须每个环节分工协作，需要受邀好友挑战每个小游戏，才能成功帮人过关。每一款产品从最初的田间种植到工厂生产乃至最终到餐桌，一个完整的产业链完全融入其中，使玩家对中粮全产业链理念能够有一种具象化的理解。通过游戏知道什么是靠谱，测试的范围包括自己和整个产品。

① 艾瑞广告先锋，http://www.iresearchad.com/ 。

图 9-2　中粮生产队的网络广告

图 9-3　中粮生产队的网络广告

“中粮生产队”网络活动借助开心网种菜的“势”，进行话题营销，吸引诸多网站转载报道（当然，亦不排除企业的主动造势）。活动页面中植入中粮全产业链的介绍，活动设计活泼，通过百万大奖激励，激发用户参与。

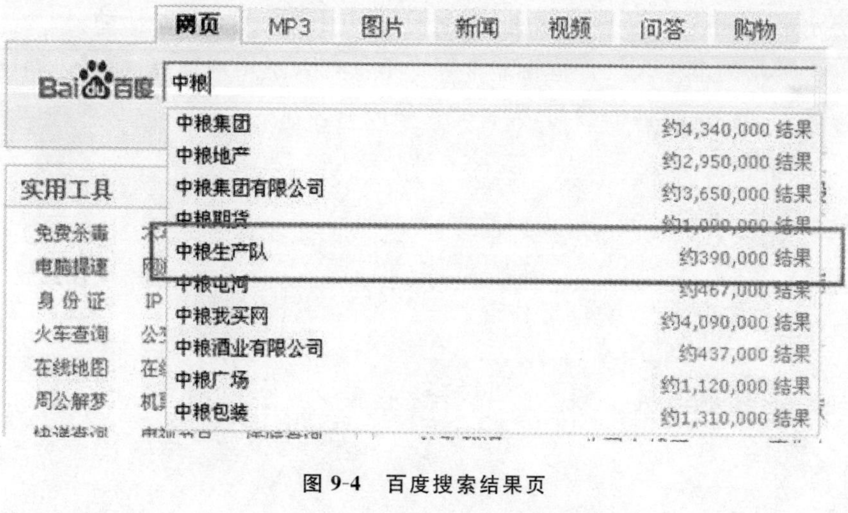

图 9-4　百度搜索结果页

就网络广告流程和标准来看，该活动的主题和利益点清晰，活动形式新颖有趣，但参与门槛稍微高了些，因为活动的流程过于复杂和冗长，参与导航上也不够直接，活动页面打开加载速度较慢。

当然，由于成功借助世博会和开心农场等热点概念和事件，营造虚拟人气，鼓励转发好友和搜索引擎优化，在公司 VI 统一性和网站链接方面，本次活动的表现都可圈可点。

- **宝马—腾讯世博志愿者接力**

宝马－腾讯世博网络志愿者接力由上海市世博会筹办领导小组志愿者组官方指导，腾讯网主办，是宝马（中国）独家赞助的线上大型互动活动。旨在通过网络志愿者接力传播“有你，有未来”的活动口号，传播宝马－腾讯号召的公益行动。主办方同时邀请世博官方志愿者、世博志愿者明星、宝马爱心基金、腾讯世博媒体联盟的成员，联合中国 4 亿网民共同打造 21 世纪最大的网络志愿者行动。宝马－腾讯世博网络志愿者接力活动将有 20100 条接力线路，每条线路从第一棒志愿者开始，依次传递接力棒给自己的好友。所有完成公益任务、成功参与传递的人，都将获得网络志愿者身份，传播宝马－腾讯倡导的公益环保理念，创造地球的绿色未来！

本次网络活动在搜索引擎方面的收录情况良好，百度“宝马”在搜索提示中，就可以见到活动信息，亦说明很多用户在搜索这个活动。

网站的虚拟人气营造得非常好。不仅有大量用户参与，而且有郎郎等名人和各地媒体的参与，显得非常热闹有人气。

图 9-5　百度搜索结果页

图 9-6　宝马活动页面

图 9-7　宝马活动的广告内页

奖品设计得很有诱惑力。

图 9-8　活动奖项页

- **中国平安低碳 100 行动——百万网友签名**

2010 年 3 月，中国平安正式启动主题为“绿色承诺　平安中国”的低碳 100 行动计划，将低碳运营，绿色金融等诉求融入“建设绿色金融企业，为社会可持续发展做贡献”的行动。3 月 24 日，中国平安在北京举办新闻发布会。从品牌角度看“有责任，更信任”，因此，该活动希望吸引更多网友参与网络活动。

单纯的公关宣传、专题报道，无法吸引网友关注。企业的品牌宣传，就是用活泼有趣的活动来传播自己的意图，以吸引用户的关注，引发其共鸣。

为此，网站设置“百万网友签名”，“和刘翔玩赛车，做低碳车主”等活动，每周根据积分排名送出 30 名大奖，将发布会的专题植入其中。活动的亮点在于，签名活动简单，用户只需要在网站设置好的承诺前打勾，不需要费力输入文字；此外，和刘翔玩赛车活动等，都简单有趣，操作方便，大大降低用户的参与门槛。

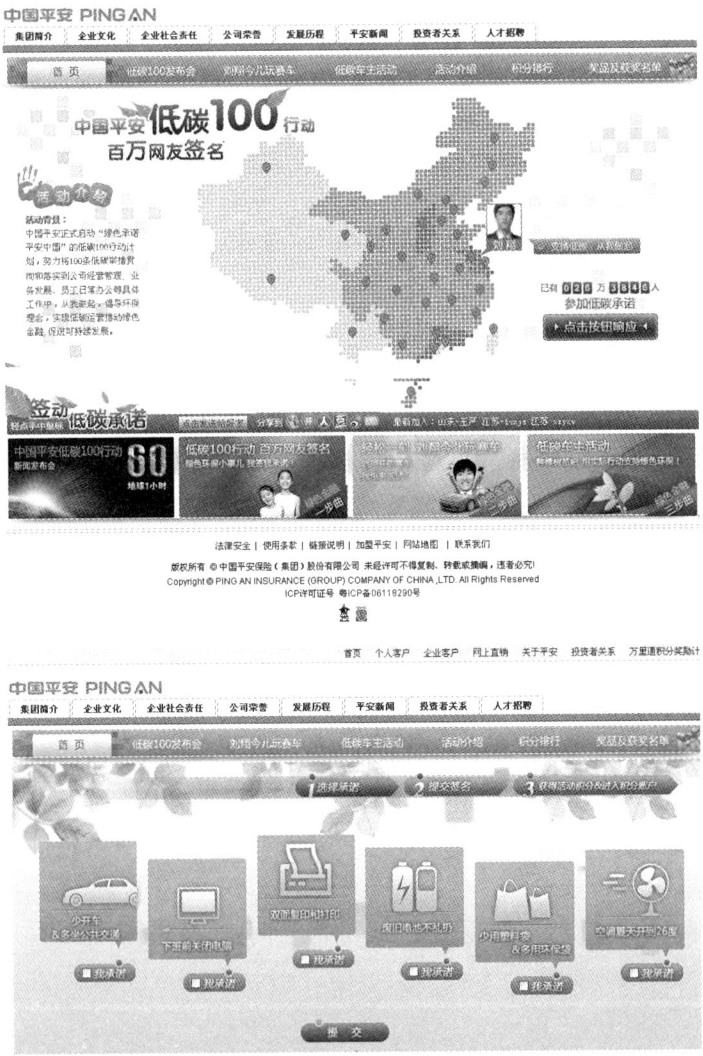

图 9-9　低碳 100 活动页面

	评估指标	得分
1	标题直观,行动点和利益点清晰	★★★★
2	活动内容活泼有趣,门槛要低	★★★★★
3	导航和流程要清晰,傻瓜化操作	★★★★★
4	注意细节,不要有 bug 错误问题	★★★★★
5	主动营造虚拟人气,吸引用户参与	★★★★★
6	鼓励转发	★★★★
7	话题炒作	★★★★
8	搜索引擎	★★★
9	兼顾公司 VI,形成整体公司印象	★★★★★
10	公司官网入口	★★★
总体得分		★★★★

图 9-10　活动效果评估

• 小肥羊:只为天然优品保证

图 9-11 小肥羊广告

内蒙古小肥羊餐饮连锁有限公司是一家以自然人做发起人的股份制企业,公司于 1999 年 8 月诞生在草原鹿城——包头市,以小肥羊特色火锅连锁为主业。于 2008 年 6 月 12 日在香港上市,是中国首家在香港上市的品牌餐饮企业,被誉为中华火锅第一股。

本次网络推广是小肥羊公司 2010 年“3·15 品质月”营销活动方案中的组成部分。公司寄望于传漾的精准网络传播平台帮助小肥羊整体营销计划的成功实施。通过时间定向、地域定向、场景定向将借以 Flash 为表现形式,向消费者介绍“天然优品”的小肥羊羔羊肉,介绍羊源基地、羊的品种、现代化的加工、最先进的排酸工艺、急速冷冻和冷冻运输链的保证、后厨的精细加工等详细信息,让更多消费者了解真实的小肥羊。

本次广告投放的最大亮点,是广告媒介形式的创新。小肥羊大胆采用 Flash,在富媒体广告中置入“输入手机号,免费品尝”的激励措施,用户可以直接参与活动。可谓匠心独到。

TOM首页 > 新闻 > 正文
TOM新闻 news.tom.com
铁路返程高峰抵京近百万人
本报讯 （记者易靖）昨天，记者从北京铁路部门获悉，近3天的返程高峰中，乘坐火车抵京的客流约有百万人。今年的第二拨返程高峰预计在3月2日（正月十七）开始。
据了解，19、20、21日的返程高峰中，北京西站下车人数维持在15万，上车人数维持在10万左右。北京站、北京南站的下车人数在16万人左右。此后，返程客流将趋缓，到3月2日形成第二拨返程高峰，主体是外来务工人员。
差点儿嫁给一个双面胶男人
北京铁路局客流情况统计，自2月13日
英格兰足球超级联赛
王者归来
新手卡
限量发放
疯抢中
小肥羊
只为天然 优品保证
10年颈椎病，自己在
源自
内蒙古锡林郭勒大草原
3.15-4.14小肥羊邀请您
免费品尝
天然优品羔羊肉一份
输入手机号码 即可免费品尝
手机号码
确认
天然
优品
保证

图 9-12　小肥羊广告

图 9-13　小肥羊广告

网络广告研究常见网站推荐[①]

1. 艾瑞网,http://www.iresearch.cn/

国内最好的互联网和新经济研究网站。

2. 艾瑞广告先锋,http://www.iresearchad.com/

网络广告案例大全,业界资讯的平台。

3. 百度互联网新闻(百度新闻—互联网)

互联网新闻资讯每日更新比较全面的网站。

4. UCD社区——以用户为中心的设计,http://ucdchina.com/

国内比较好的互联网设计研究网站。

5. 万网,http://www.net.cn

域名注册和网站建设的服务网站。

① 艾瑞网,http://www.iresearch.cn/。

后 记

有时候,看老外的专业书籍很累,书名是一个雷人的概念,价格不菲,但让人觉得充满期望,但等到满心欢喜的买回来,没翻几页却发现,整本书翻来覆去的在堆砌故事,外来的文化语境下的故事往往又很难理解,于是没看一会就扔到书架上当砖头了。当然,国内的专业书比较实在,像教科书一样,每个章节似乎都不能放过,但和老外的书籍相比,往往语气比较生硬,让人如鲠在喉。

所以,我希望这本书,轻松活泼而又实用。它能够帮助你解决问题,不仅是解决问题,更重要的是指出日常工作中会遇到而常被忽视的问题。问题恰恰是我们日常工作的起点和终点。也就是说,这本书的逻辑是这样的:

第一步:明确日常网络广告需要解决的问题

首先,将网络广告的从业者经常遇到的问题,尤其是网络广告主的实际项目需求,进行分类,分类有助于我们系统全面地了解广告主的营销目的、营销需求和希望代理公司(或网站)解决的问题。

之所以从广告主的问题说起,道理很简单,因为广告主是广告行业价值链上的供血者,无论广告公司还是网站都必须依赖广告费生存,因此,回归到原点,广告主的问题,就是广告公司和网站的问题,是第一性的问题。

第二步:寻找不同类问题的解决方案和参考案例

然后,根据这些问题,我们再分别整理出不同的解决方案和案例,这样可以帮助广告主和代理公司,快速沟通达成一致的意见,提高作业的效率,降低沟通成本。根据本人长期的实践和观察,广告主和代理公司或网站,在整个广告项目的过程中,50%的无谓精力放在项目的反复沟通上，双方不断揣测和误读对方，代理公司不断提交方案，修改折腾，双方都筋疲力尽，而且影响了最终的广告作业时间和效果。

其实可以很简单的，广告作为一门营销工具，需要解决的问题和解决问题的手法无非就是那么几种，静下心来把这些问题和解决方案分类整理清除，每次用到的时候拿出来翻翻看看，大家当面沟通下，选择一种大家都认为不错的解决方案，然后就可以开工了。遗憾的是，现在大家都很忙，忙着无穷无尽的琐碎的工作和交际，花费时间整理，主要取得外部效益（别人可以分享而无需买单）的事情，不是人人都喜欢做的。作为骨子里喜欢广告行业的我而言，还是觉得有必要做的。

第三步：用专业的工具进行项目管理

最后，就是常用的报表工具了。复杂的广告理论和方法，最后要通过项目管理报表来进行清晰而高效的管理，包括：广告主网络广告需求陈述表格；广告代理公司方案陈述表格；媒介计划制定表格；项目时间进度表格；每日广告效果监测反馈表格；广告效果评估表格；年度计划和预算管理表格；网络口碑监控和处理表格；广告公司招标和评估表格……广告既然是门生意，就必然有目标和过程的管理，用最高效的方法和手段，最低的成本，达成既定的目标。

广告是一门沟通技巧，帮助企业用消费者乐于接受的形式进行沟通，广告需要针对企业的不同营销目的和问题，采取不同的沟通方式和手段；沟通技巧和符号方式，直接影响沟通的效果；作为一门生意，营销管理必然需要高转化率的沟通过程管理。

广告行业最经典的问题是“50％的广告费浪费到哪里去了”，沟通效率的管理问题，不仅存在于广告外部沟通过程，在广告主和广告公司的沟通过程中，50％的沟通精力也在无谓地浪费。

和一个网站朋友聊天的时候，他感慨地说，其实诺基亚的手机，都是模块化的，根据不同的用户类型，模块化的组装推向市场。是啊，传统的制造业已经把过程管理做得很精密，而广告行业却一直存在管理疏漏的问题，导致整个行业的权威性和专业性难以得到有效的提高。希望这本书能帮助网络广告从业人员，像诺基亚一样实现广告模块化的管理，进而提高整个网络广告行业的快速发展，跟上互联网时代到来的需要。

回归到广告行业的原点，帮助品牌与消费者进行有效的沟通，提高沟通的效率，不仅是对外传播，更在于内部的项目管理。希望本书能够在实际的工作中帮助到您。也期待在 web2.0 时代，您也有更多宝贵的经验和我们一起分享。欢迎访问我的微博(weibo.com/sogan)并与我沟通。

本书的许多数据资料引用艾瑞咨询的相关材料，也有些材料来自其他同行，在此一并感谢。书成仓促，加上笔者能力有限，错误之处请读者不吝指出。

图书在版编目(CIP)数据

转化率:网络广告方法、流程和案例/宋安编著.—厦门:厦门大学出版社,2011.7

ISBN 978-7-5615-3936-1

Ⅰ.①转…　Ⅱ.①宋…　Ⅲ.①互联网络-广告学-手册　Ⅳ.①F713.8-62

中国版本图书馆 CIP 数据核字(2011)第 147808 号

厦门大学出版社出版发行

(地址:厦门市软件园二期望海路 39 号　邮编:361008)

http://www.xmupress.com

xmup @ public.xm.fj.cn

厦门集大印刷厂印刷

2011 年 8 月第 1 版　2011 年 8 月第 1 次印刷

开本:787×960　1/16　印张:15.5　插页:1

字数:201 千字　印数:1～3 000 册

定价:30.00 元